AROUND

Vol.97
2024 October

ISSN 2287-4216
ISBN 979-11-6754-037-9
KRW 18,000

대구 Daegu

Kay Jun & Jeong Jaewan, Ryu Eunji & Kim Incheol, Kitak Of Tabacobooks,
Kwon Sunman, Yoo Jiyoung, Aesop, Lifework Living, Lee Junsik

매년 하나의 도시를 선정해 주제로 다루고 있는데, 올해는
경상북도 '대구'가 그 주인공이다. 애정을 가지고 가만히
들여다보면 매력이 넘치는 도시는 많지만, 한 권으로 담을 만큼
이야기가 모여야 하다 보니 매번 후보지를 두고 많이 고민하게
된다. 《AROUND》는 서울에서 책을 만들고 있다. 참여하는 사람
대부분이 서울에 산다. 1년에 한 번, 이번처럼 도시의 주제가
던져지면 각자의 '대구'를 이야기로 만들어낸 후, 한데 모여 책이
된다. 그 지역에 살지 않기에 가봤거나 들은 기억을 떠올리거나
여러 방면으로 찾아본다. 이번에는 유독 필진들도 이참에 대구를
직접 다녀온 후에 쓴 원고가 많다. 우리가 도시의 전문가는
아니더라도 이렇게 애정을 가지고 도시를 살펴보는 일은 참 의미
있구나 생각됐다.
예전의 흔적이 점점 사라져서일까, 요즘은 지역마다 고유성이
그리 뚜렷하지 않은 듯하다. 도시화 된 지역일수록 더욱더 그렇다.
산으로 둘러싸인 평평한 평지의 대구는 지형적 특성 때문에 바람이
잘 통하지 않는다고 하여 '대프리카'라는 별명을 가지고 있다.
'사월의눈' 출판사에서 발행한 《대구는 거대한 못이었다》에서
'대구는 고대에 거대한 연못이었던 곳'이라는 흥미로운 이야기도
담고 있다. 사과, 섬유, 빠른 유행, 야구 등 많은 수식어가
따라다니는 대구에서 우리는 열정을 가득 담은 '예술'을 발견했다.
사진과 그림을 담은 책, 건축, 영화와 음악을 사랑하는 디자이너와
아티스트들이 대구 곳곳에서 활동하고 있다. 그들의 인터뷰를 통해
지형이나 지역 특산물로만 배워왔던 도시의 진짜 고유성은 사람과
이야기에 담겨 있는게 아닐까 생각됐다. 대구에서 만난 예술과
문화 그리고 영화를 전한다.

김이경—편집장

대구 Daegu

Contents

The Back Of

The City
오래된 도시의 등 뒤에서

보안등
고성동1가
121

이준식

에디터 이명주

준식 씨의 시선으로 대구를 한껏 감상했네요. 간단한 소개를 듣고 싶어요. 요즘 어떤 하루들을 보내고 있나요?
만나서 반갑습니다. 저는 대구에서 일상의 조각을 수집하고 또 재조립하며 사진 작업을 하고 있어요. 작업을 책으로 내기 위해 1인 출판 레이블인 '자인운트Seinund'도 운영합니다. 요즘은 일이 많지 않아서, 보통은 이른 오후에 촬영을 하고 저녁부터는 작업실에 머물러요. 밤늦게 잠깐 운동을 하고 새벽에 집에 들어오곤 합니다. 휴식은 틈날 때마다 간간이 하는 편이고요. 희망교와 칠성교 사이의 길을 자주 걷는데 오래 다녔지만 여전히 좋아하는 산책로예요.

대구에서 나고 자란 분이시지요? 매일 보는 일상의 풍경이 궁금해요.
어쩌다 보니 대구에서 35년 동안 살고 있어요. 여기저기 옮겨 다니긴 했지만 지금은 계명대학교 대명캠퍼스 근처, 한적한 동네에 사는데 요즘은 재개발로 조금 소란한 편입니다. 그간 일상의 풍경이 급격하게 달라진 적은 없어요. 다만 빈 곳들이 메워지고 점점 더 너른 하늘을 보기 쉽지 않죠. 끊임없이 사라지고 바뀌다 보니 지난날의 흔적을 찾아볼 만한 간판 같은 건 이제 만나기 쉽지 않아요.

그런 대구의 모습을 기록한 지 햇수로 9년 정도 되었다고요. 자신의 터전이 주요한 작업 소재 중 하나가 된 이유가 있다면요?

일상의 조각을 수집하는 게 작업 기반이 되다 보니, 아무래도 제가 살고 있는 이 도시에 시선이 닿을 수밖에 없더라고요. 삶의 터전이 아닌 다른 지역을 대상으로 삼는 건 마음가짐을 먹는 것부터 어려웠고, 작업을 대하는 진정성에서도 많은 고민이 뒤따랐거든요. 저는 길을 걷다가 문득 눈에 밟히는 장면을 사진으로 기록하는데, 그 순간의 나와 장면 사이의 거리를 유지하기 위해 노력하는 편이에요. 사진에서 감정을 과잉된 상태로 보여주거나 유도하지 않아요. 최대한 건조하게 찍고 싶달까요.

작업물에서 사람을 찾기 어려워 건조함이 더욱 두드러진다고 생각했어요. 대신 길고양이나 빈 땅에 자라나는 식물의 모습이 자주 보이죠. 스러져 가는 동네에 떠도는 고양이들의 모습을 사진집 《SCENT MARK》로도 펴내셨고요. 부러 그런 장소들을 찾아다니는 건가요?
늘 다니는 공간으로 향하거나, 딱히 목적을 두지 않고 이리저리 돌아다니기도 합니다. 대략 4년 전부터 전기자전거로 움직이고 있어서 운신의 폭이 넓어지고 체력 부담도 줄어들었거든요. 한때는 사진 안에 사람을 담는 걸 선호했는데 점차 비중을 줄였어요. 처음에는 좀 더 작게, 다음에는 좀 더 구석으로, 그다음에는 사람의 흔적만 남도록요. 사람을 중심이 아닌 곳에 두고 찍으면, 우리를 둘러싼 것이 무엇인지 더 잘 볼 수 있을 거라고 생각해요. 결국 인간과 곁 하는 다른 존재 역시 그만큼 중요하다는 것을 말하고 싶었어요. 그 관계 속에 우리가 존재하니까요.

또 하나 두드러지는 건 사라지는 것과 새로운 것의 경계를 적극적으로 응시한다는 점이에요. 대구의 많은 동네에서 재개발이 진행되고 있다고요.
이제는 그렇지 않은 동네를 찾는 게 더 어려울지도 모르겠습니다. 지나오며 사진으로 기록을 남겨둔 곳만 해도 대봉동, 동인동, 범물동, 대명동, 성내동 등 무수하죠. 멀리 갈 것 없이 제가 살고 있는 동네도, 연달아 이어진 거리도 해당되는 이야기고요. 언제나 변하지 않는 것에서 의미를 찾는 건 아닙니다만, 원래부터 머물던 것을 없애는 게 도대체 누구를 위한 것인가를 생각하게 됩니다. 안타까움과 아쉬움도 물론 느끼지만 '납득할 수 없음'이 가장 먼저 다가와요.

화보에 소개된 《임시세입자》의 사진 일부에 대해서도 이야기 나누고 싶어요. 평리6동과 이현동 재개발 구역에서는 어떤 감정을 느껴서 책으로 만들게 되었어요?
이전에는 인기척이 사라진 재개발 구역에서 상실과 부재를 느끼며 인간의 흔적을 찾았어요. 그런데 우연히 들린 평리6동에서는 유난히 길고 무성하게 자란 잡초들이 보였죠. 가까이에 산과 큰 공원이 있었기 때문일 수도, 자연히 모든 것이 일어났을 수도 있을 텐데, 무엇보다 제게는 그곳에서 인간이 아닌 다른 생이 숨 쉬고 있다는 게 중요하게 와닿았어요. 그런 마음을 담은 작업이라 책을 소개할 때 종종 '식물 사진집'이라고 말하기도 합니다.

준식 씨의 인스타그램에서 재미난 기록을 봤어요. 대구가 많이 덥냐는 물음에 "네, 그럼에도 불구하고 지낼 만은 해요."라고 답했더라고요. 어떤 의미인지 궁금해지네요.
사실 그 기록 자체는 대구를 향한 제 푸념이었어요(웃음). 대구를 둘러싼 다양한 걱정이나 오해, 부정적인 시선을 납득하면서도, 그럼에도 불구하고 이곳에 사람이 살고 있으니까 살 만하다고 말한 거죠. 수도권 바깥의 지역은 무엇이든 넘쳐나는 중심부와 상당히 다를 거예요. 오히려 그렇기 때문에 그 지역들에 대해 '살기 어려운 곳' 혹은 '살기 피곤한 곳'이라고 말하기는 싫어요. 어디든 사람이 살고 있듯, 어디든 마음에 들지 않는 점이 있을 뿐이죠.

나의 도시를 담담한 태도로 바라보고 있네요. 어쩌면 대구의 다양한 모습을 보여주는 것에서부터 터전에 대한 애정이 느껴지는 듯한데요. 대구가 가진 아름다움은 무얼까요?
'그럼에도 불구하고' 이곳을 지켜 나가는 이들이 보여주는 모습이요. 다른 사람들이 어떤 시선으로 우리의 터전을 바라보는지 하나하나 헤아릴 수는 없지만, 여전히 대구의 본모습을 마주하고 지켜가려는 사람들이 있어요. 우스갯소리지만, 그저 순수한 아름다움보다는 서사가 있는 아름다움이 더 좋지 않나요(웃음)? 저 역시 그런 사람이고 싶은 마음에 작업을 게을리하지 않으려 해요.

이야기를 나누면서 이 도시뿐 아니라 사진과 작업을 대하는 마음이 성실하다고 느껴졌어요.
원래는 컴퓨터학부를 전공했어요. 개인적으로 조금 힘든 시기가 찾아왔을 때 창작 수단으로 사진을 택하면서 본격적으로 시작하게 됐죠. 취미로 곧잘 찍어왔기 때문에 기술적으로 무언가를 익혀야 한다는 부담감이 적었어요. 사진을 구상하는 과정이야 지난하더라도, 감상하는 사람은 이미지 자체를 직관적으로 볼 수 있다는 점이 매력이었고요. 예술을 직업으로 택했다면 지속적으로 작업하는 의무를 행해야 한다고 생각해요. 결과로 인한 성과가 눈에 보이지 않아 힘들 때도 많지만 직업을 대하는 자세를 매일의 원동력으로 삼습니다.

고민과 응시를 거듭한 작업물을 통해 사람들이 대구를 어떤 모습으로 바라보길 원해요?
기억할 만한 이유가 많은 도시라면 좋겠네요. 너무 덥지 않을 때라면 한 번쯤 들르기에 나쁘지 않을 거예요. 살아보고 싶어질지도 모르죠.

13 3 12
明
友
CCTV녹화중

Art

예술이 되는 도시의 조각

Interview
Strangers May Know The Answer
우리는 낯설게 볼래요
전가경·정재완—사월의눈
에디터 차의진
포토그래퍼 강현욱

2012년 4월의 어느 날, 서울 하늘에서 갑자기 눈이 내렸다. 밖을 지켜보던
전가경 대표는 대구로 전화를 걸었다. "우리 출판사 이름, '사월의눈'
어때요?" 흔쾌히 고개를 끄덕인 사람은 정재완 교수. 부부는 소규모
출판사를 열고 사진책을 만들었다. 이방인으로 문 두드렸던 이 도시에
정착한 지도 십여 년째. 그들은 책으로 대구를 말하기에 이른다. 두 사람이
이야기하는 대구는 조금 다르다. 흔한 구호로 뭉뚱그려지지도, 대표적인
이미지로 고정되지도 않는다. 흐르며 변하는 도시의 리듬을 좇는 책.
사월의눈은 대구를 관찰한다. 아주 낯설고도 새롭게.

책장에 책이 아무리 많이 꽂혀 있어도 펼쳐서 읽지 않으면
벽지와 같잖아요. 마찬가지로 도시도 의지를 갖고 관찰하지 않으면
우리 곁에 그냥 존재할 뿐이에요.

다르게 만드는 사진책

**한옥이 정말 예뻐요. 여기는 출판사 사월의눈의
작업실이자 여러 행사가 열리는 공간이죠.**
가경 찾아 주셔서 감사해요. 이곳에 머문 지 올해로
5년 차가 되어가요. 대구에서는 세 번째 작업실이고요.
재완 씨가 작업 공간을 찾다가 우연히 여길 인터넷에서
발견했는데, 일사천리로 리모델링까지 이어졌네요.
리모델링은 대구 기반의 건축사사무소 '오피스
아키텍톤'에서 담당했어요.

정재완 교수님은 이곳의 어떤 점이 마음에 드셨어요?
재완 가격이 저렴했어요(웃음). 근데 지내기 괜찮을지는
예측할 수가 없어서 건축가 소장님께 전화를 걸어 살펴봐
달라고 했죠. 당시에는 불법으로 증축된 건물인 데다가
어둡고 음침한 느낌이었는데요. 소장님이 이곳을 유심히
보더니 내실 있는 집이고, 고치면 쓸 수 있겠다고 해서
이곳에 들어오기로 결정했어요.

지금은 굉장히 만족하면서 지내고 계신 것 같아요.
가경 정말 좋아요. 마당 풀이 빠르게 무성해지는 건 조금
당황스럽지만요. 그때그때 손보지 않으면 금방 정글이 되는
곳이에요. 식물의 생명력이 대단하다는 걸 절감하고 있어요.
재완 전에는 동네 통장 할아버님이 가끔 지나가면서
빨리 뽑으라고 눈치도 주셨는데요(웃음). 지금은 이사를
가셨어요. 부지런한 어른이 가까이에 안 계시니 자주 신경
쓰지 않게 되네요.

**이 모습도 자연스러운 걸요. 작업실에서 하루는 어떻게
보내세요?**
가경 출강하는 대학교가 방학일 때는 오전 느지막이 나와
작업하다가 집에 돌아가요. 학기가 시작되면 일주일
중 하루는 서울에, 또 하루는 영남대에 출강을 하고요.
나머지 날엔 작업실에 오죠.

재완 저도 강의가 많은 학기에는 학교 연구실에 주로
머물러요. 이번 학기는 강의가 적은 편이라 여기에 자주
올 것 같아요.

**대구엔 정 교수님이 영남대학교로 부임하던 2009년에
내려오셨잖아요. 서울에서 오래 지내다 낯선 도시로 삶의
터전을 옮기기가 쉽지는 않았을 듯해요.**
재완 '직장이 대구니까 가야지.' 하고 별다른 생각은
없었어요. 오히려 주변에서 더 크게 반응했어요. 도전처럼
여겼달까요. 가경 씨는 달랐을지도 모르겠어요.
가경 특별한 저항감은 없었어요. 부모님 직장 때문에
어릴 때 유럽 이곳저곳을 자주 옮겨 다니며 살았거든요.
재완 씨처럼 사람들 반응이 더 놀라웠죠.
재완 그런 우려에 이주 초기에는 걱정이 많았어요.
서울에서 떨어져 있으면 디자인 판에서 불리한 걸까
하고요. 결과적으로 염려할 거리가 아니었다는 걸
알게 됐지만요.

어떻게 걱정을 내려놓게 되었나요?
재완 오늘 인터뷰처럼 서울에서 지역에 말을 걸어오거나
우리의 목소리를 들어주는 기회를 만나면서, 대구에서
의미 있는 활동을 이어가도 좋겠다는 용기를 얻었거든요.
이렇게 찾아와 주시는 것도 지역에서 활동하는
디자이너에게는 큰 힘이 돼요.

**대구의 첫인상은 어땠나요? 기억에 진하게 남은 장면이
궁금했어요.**
재완 두 가지가 생각이 났는데요. 하나는 대구 중앙로역
사거리예요. 깨끗하고 아기자기해서 일본의 한 도시에
온 듯한 기분이었어요. 알고 보니 대구가 일제강점기에
본격적으로 도시화가 되었다고 하더군요. 그래서인지 외부
비상계단이나 일방통행 도로가 많죠. 또 하나는 삼덕동의

골목길이에요. 우연히 이곳을 걸었는데, 대도시 한복판에
고즈넉하고 예스러운 정취가 느껴지는 곳이 있다는 게
인상 깊었어요. 지금은 운명처럼 삼덕동에서 지내고 있죠.

전 대표님은요?
가경 아파트 벽에 손으로 직접 쓴 글자가 많았어요.
예스럽고 멋진 레터링이 인상적이었죠. 또 하나는
도서관에서 한 할아버지가 깔끔한 셔츠에 중절모를 쓰고
신문을 읽고 계시던 장면이에요. 여유로움이 느껴졌어요.
백화점에서 본 사람들도 유행에 굉장히 민감한 차림새였죠.

**저도 그 이야기 많이 들었어요. 대구는 유행에
빠르게 반응하는 도시고, 백화점 매출도 전국에서 높은
편이라고요.**

재완 '재래기'라는 말도 있어요. 고기 먹을 때 나오는
파채를 그렇게 불러요.

재래기! 처음 들어봐요.
가경 가끔 서울에 가야 내가 대구 산다는 걸 실감하곤
했어요. 서울 사람들 말소리가 나긋해서 꼭 음악 듣는
것 같고, 제가 오랜 시간 살았던 곳이어서인지 포근하게
느껴지기도 해요. 정작 서울 삶은 포근한 정서와는
멀지만요.
재완 저는 전라북도 전주가 고향인데요. 사투리를 쓰지
않으니까 동네 슈퍼에서 저를 쉽게 기억하세요. 여기서는
오히려 튀나 봐요. 그리고 똑같은 의미라도 저는
"밥 먹었나?"가 아니라 "밥 먹었니?"라고 물어보니까
학생들이 저를 굉장히 친절한 교수로 봐줘요(웃음).

재완 맞아요. 시류에 반응하는 속도가 확실히 예민해요.
하지만 뒤처지지 않으려는 게 장점만은 아닌 것 같아요.
대구 수성구의 입시 학원은 서울 대치동만큼이나 밀집되어
있죠. 그만큼 심리적인 압박감이나 우울감을 느끼는
아이들도 많다고 들었어요.
가경 큰 자부심과 욕망의 도시인 것 같아요, 한편으로는.

**두 분은 사투리를 쓰시지 않죠. 처음 대구에 왔을 때
자신이 이방인처럼 느껴지지는 않으셨어요?**
가경 대구에서 지속적으로 교류하는 사람들이 생긴 건
불과 몇 년 전이에요. 그래서 낯선 언어에 민감하지는
못했어요. 가끔 식당 메뉴판에서 모르는 음식을 발견하는
정도였죠. 그거 아세요? 경상도에서는 매운 고추를
'땡초'라고 해요.

다정함이 느껴지는 어미잖아요(웃음). 이제 사월의눈
이야기를 해볼게요. 낯선 도시에 정착하고 전 대표님이
처음 한 일은 출판사를 꾸리는 거였죠.
가경 출판사는 세 가지 배경이 맞물리면서 시작됐어요.
첫째는 시각디자인학과 석사 논문을 쓰면서 사진
편집의 가능성을 발견한 거예요. 당시 1960년대 독일
잡지를 연구하면서 디자이너가 지면에서 사진을 이렇게
적극적으로 활용할 수 있다는 걸 깨닫고 사진 편집에
푹 빠졌죠. 둘째는 사진 중심의 책 편집을 직접 경험해
본 거예요. 석사 과정을 마치고 디자인 스튜디오 'AGI
소사이어티'에 출판 편집자로 입사해 이미지 기반의
책을 만들었어요. 연구해 본 것을 직접 실무로 경험할
수 있었죠. 그때 사진책 제작에 자신감을 얻었어요.
마지막으로는 사진을 좋아했다는 점이에요. 이 세 가지가

맞물리면서 사진책 출판을 꿈꾸게 됐어요.

전 대표님은 주로 기획과 편집을, 정 교수님은 디자인을 담당하고 계시죠.
가경 네. 재완 씨는 사진책 출판을 꿈꾸던 때쯤 만났는데요. 제 석사 논문을 정말 멋지게 디자인해 줬어요. 작업할 때 제 의견도 정말 잘 들어줬고요(웃음). 그래서 이 사람이랑 책을 만들면 재밌겠다는 생각을 갖고 있었죠. 그러다 재완 씨가 영남대로 부임하면서 안정적인 경제 기반이 마련되었고 본격적으로 독립 출판을 시작했어요.

아까 석사 과정 중 사진 편집의 가능성을 발견했다고 하셨는데요. 북디자이너가 사진을 적극적으로 활용한다는 건 어떤 의미인가요?
가경 단순히 사진을 지면에 배치하는 것을 넘어서, 사진을 과감하게 잘라내거나 텍스트와 창의적으로 결합해서 디자이너가 새로운 의미와 서사를 만들어내는 걸 말해요. 저는 연구를 하면서 사진이 지면에 등장하려면 디자인을 통한 또 한 번의 각색이 필요하다는 걸 깨달은 거예요. 독일 1세대 아트 디렉터 빌리 플렉하우스Willy Fleckhaus가 디자인한 잡지를 보면서 사진과 텍스트를 배열하는 그만의 감각이 정말 흥미로웠어요. 저에게도 이미지로 서사를 구축하는 역량이 어느 정도 있다는 걸 디자인 회사에 근무하며 발견했고요. 작업이 너무 재밌었어요.

그래서인지 작품에서 디자이너의 주체적인 역할이 두드러진다고 느꼈어요. 텍스트가 하나의 예술적인 요소로 굉장히 크게, 또는 작게 변형되기도 하는데 사진과 적절히 조화도 이루더라고요.
가경 과거 사진책은 이미지만 고요하게 배치된 경우가 많았죠. 우리는 사진, 텍스트, 디자인 이 세 가지 관계를 고려해 사진책을 만든다는 점을 앞세워 출판사 나름의 성격을 만들어갔어요.
재완 저는 과거 민음사에서 디자이너로 일할 때 텍스트가 중심인 책을 주로 만들었는데요. 사진책은 이미지를 활용해 책 전체의 서사를 이끌어 내야 해요. 종이와 인쇄 방식의 선택, 레이아웃 선정은 물론이고 내용적으로도 고민할 부분이 훨씬 많았죠. 사월의눈을 시작하고 표현 형식 자체가 디자인에서 중요하게 다뤄질 수 있다는 걸 새롭게 깨달았어요.

그럼 사월의눈은 사진책의 디자인적인 실험을 시도하는 출판사라고 볼 수 있을까요?
가경 그와 동시에 젊은 사진가들의 등용문이 되고 싶어요. 과거에는 중견 작가가 아니면 책을 만들기 쉽지 않았죠.

우리는 사진책으로 역량 있는 작가들이 데뷔할 수 있는 경로를 마련하고 싶었어요. 그래서 신진 작가나 아마추어 작가들과 협업하기도 해요.

여전히 의미 있는 작업을 이어가시는군요.
가경 젊은 작가들이 유연하게 작업하는 편이에요. 책을 편집하면서 과감하게 사진을 잘라도 되겠냐고 물으면 작가들이 마음껏 하라는 경우가 많았죠.

심미적인 감상을 일으키는 책보다 하고 싶은 이야기가 또렷한 책도 있었어요. 세월호 참사를 다룬《아무도 대답하지 않았다 다만 한 사람을 기억하네》, 대구 성매매 집결지에 관한《자갈마당》이 그 예죠.
재완 에디터님은 하고 싶은 이야기가 또렷한 책이라고 표현했지만, 사실 특정한 메시지가 없다면 한 권의 책이 되기 어렵지 않을까요? 예전에도 에디터님과 비슷한 이야기를 한 분이 있었어요. (옆을 바라본다.)
가경 사월의눈이 사회적 메시지를 발산하는 곳이냐는 질문이었는데요. 저희는 아니라고 말했어요. 사회적인 메시지도 우리의 한 축이지만 꼭 그것만 추구하는 건 아니에요. 콜라주처럼 사진의 매체성을 탐구하거나 회화와 사진의 관계도 탐구하는 책도 만들어보고 싶어요. 다만 사진책으로 우리가 이야기할 수 있는 지금의 의제는 뭔지 늘 고민해요.
재완 독자분들에게는 사회적인 메시지가 담긴 책이 다른 것보다 강렬하게 다가오니까 좀더 기억해 주시는 것 같기도 하고요.

저도 말씀하신 이유로 인상 깊게 여긴 듯해요.
가경 사진이라는 매체가 가진 속성 때문일지도 몰라요. 과거부터 사진은 사회적 이슈를 보도하는 역할도 컸잖아요. 우리가 만나는 사진가들도 사회적인 이슈를 갖고 작품에 접근하는 경우가 많은 것 같아요. 예를 들어《북한산》을 함께한 권도연 작가는 전국을 다니며 야생동물을 찍으세요. 동물권에 관심이 많고요. (《북한산》은 도시 개발로 터전에서 쫓겨나 북한산에서 사는 들개 사진을 묶은 책이다.)

대구의 리듬을 읽는 법

대구를 말하는 사진책도 다수 출간했어요. 삶의 공간인 이곳은 어떻게 책의 소재가 된 걸까요?
가경 대구를 주제로 책을 만들어야겠다고 결심한 건 아니었어요. 저는 토박이보다는 이곳을 잘 모르니 조심스러웠거든요. 이곳에 산다는 이유로 꼭 대구를 다뤄야 한다고 생각하지도 않았고요. 오히려 협소한 소재주의로 전락하는 게 아닌가 싶었죠. 사월의눈에서는 앞서 말한 《자갈마당》, 대구 배경 영화 〈희수〉(2021)를 도서화한 《스틸컷, 희수》를 냈지만, 모두 외부 제안으로 만들었어요. 대구 아파트 글자를 수집한 《아파트 글자》는 대구를 전면에 내세우긴 했지만, 지역은 중심 소재가 아닌 영감의 대상일 뿐이었죠.

《아파트 글자》

《아파트 글자》는 레터링에 대한 디자이너의 탐구를 다룬 책인 거군요.
가경 그렇죠. 그러다 3-4년 전부터 지역 문제에 조금 민감해지기 시작했어요. '고담 대구'처럼 이곳을 향한 편견이 담긴 말, 수도권과 비수도권에 관한 이분법적인 이야기가 피로하게 다가오더라고요. 저는 여기서 젊고 열정적인 창작자들을 만나는데, 고담 대구라는 호칭으로 모두가 일반화되는 게 폭력적이라고 느꼈어요. 그래서 지역을 다루는 출판이 의미가 있겠다 싶었죠. 그렇게 시작한 프로젝트가 '리듬총서'예요.

　　"리듬총서는 사월의눈이 시작하는 첫 총서의 이름이다. 리듬총서는 세계 혹은 한국에 크거나 작은 단위로 존재하는 지역의 리듬을 포착한다. 리듬총서는 행정구역 단위를 너머 지역을 상상하고, 품고, 다시 그리고자 한다. 리듬총서는 그 어떤 지역도 하나의 이미지로 고정될 수 없다는 믿음에서 시작한다."
　　　　　　　　　　　— 리듬총서 소개글 중에서

제목의 리듬은 무슨 뜻인지 궁금했어요.
가경 프랑스 사회학자 앙리 르페브르Henri Lefebvre가 쓴 《리듬 분석》에는 '다리듬성'이라는 말이 나와요. 거기서 큰 영감을 얻었어요. 그가 말한 리듬의 의미를 쉽게 이야기해 볼게요. 삼덕동은 아침, 저녁, 새벽녘 풍경이 다 달라요. 시간대마다 고유한 리듬이 다른 거죠. 지역도 마찬가지예요. 같은 대구라도 동네마다, 시대마다 리듬이 다를 수 있죠. 예를 들어 대구는 보수의 심장이라고 불리지만 한때는 야도野都라고 불릴 만큼 진보적이고 저항적인 도시였대요.

시간이 지나면서 대구의 리듬이 달라진 거군요.
가경 지역의 리듬은 관찰하는 사람마다 다를 수도 있어요. 리듬총서의 첫 책은 엄도현 작가님과 함께했지만, 만약 다른 분이 대구를 사진에 담는다면 그분은 또 다른 리듬을 포착할 거예요. 어떤 분은 한 동네만을 다루거나, 어떤 분은 산에 집중할 수 있겠죠. 책이 쌓이다 보면 대구를 바라보는 관점이 이렇게나 다양하다는 걸 보여줄 수 있을 거예요.

《대구는 거대한 못이었다》(사진 장혜진)

첫 책 《대구는 거대한 못이었다》는 지금의 대구가 거대한 연못이었던 자리에 흙이 밀려오면서 탄생한 분지라는 사실에 착안해, 엄도현 작가가 오늘날 대구에 남겨진 호수의 흔적을 찾아 사진으로 기록한 책이었죠.
가경 엄도현 작가님이 호수라는 키워드를 처음 가져왔을 때 충격이면서도 재밌었어요. 기획자의 직관적인 느낌으로는 '말이 되겠구나.' 싶었달까요. 대구가 거대한 연못이었다는 이야기를 하기 위해서는 근거가 필요했어요. 이때 엄도현 작가의 리서치 능력이 빛을 발했죠. 지금은 매립되어서 호수의 흔적을 찾아볼 수 없는 지역의 시대별 항공 사진도 찾아오셨다니까요.

대구는 DAEG
ÉTAIT
UN 맛
ÉT
포커스
15

저도 정말 흥미롭게 읽었어요.

가경 이런 책이 어떻게 느껴지세요? 저도 독자분에게는 처음으로 여쭤보는 것 같네요.

편견을 갖고 지역을 바라보는 시선에 대한 문제의식을 분명하게 느낄 수 있었어요. 이번 호를 준비하면서 대구를 조사해 보니까 말씀하신 '고담 대구', '명품 소비' 같은 키워드가 눈에 띄더라고요. 그런데 대구는 제가 그동안 몰랐던 다양한 이야기를 품고 있었어요. 아트, 영화, 젊은 창작가들…. 리듬총서는 편견에서 벗어나 지역을 바라보자고 이야기하니까 굉장히 인상 깊었죠. 디자인도 충격적이었고요. 정 교수님이 텍스트로 못 모양을 표현하신 것도요. 사진과 텍스트의 배치가 신선했어요.

가경 다행이네요. 재밌게 읽으셨다니 저도 신기해요.

"골목길을 다니면서 알게 된 건, 도시는 추상적인 구호로 존재하지 않는다는 점이었다. '보수의 심장', '대프리카', '고담 대구'보다는 도시의 바닥에 새겨진 돌멩이의 흔적을 보면서, 벽에 걸린 크고 작은 글자들을 보면서 온몸의 감각으로 도시를 직접 목격했다."

— 정재완,《낯선 골목길을 걷는 디자이너》중에서

대구를 둘러싼 편견에 관해 좀더 이야기해 볼까요? 정 교수님도 도시를 특정한 단어로 설명할 수 없다고도 하셨어요.

재완 예를 들어 어떤 사람을 '웃긴 사람'이라고 정의한다면 어떨까요? 그 사람은 웃길 때도 있지만, 고독하거나 외롭기도 하고 냉소적일 때도 있을 거예요. 마찬가지로 추상적인 구호로 이곳을 이야기하는 건 어딘가 맞지 않아요.

이런 생각을 하게 된 계기가 있을까요?

재완 저는 지방 대학에서 교수로 재직하고 있잖아요. 소위 '지잡대'라는 표현이 있어요. 지방 대학을 일반화하는 이 말은 당사자에게 엄청난 패배감을 안겨줄 수 있어요. 사람들이 쉽게 하는 말이 누군가를 아프게 하는 거죠. 대구에 머물면서 지역을 향한 편견에까지 생각이 닿게 되더라고요. 이곳은 복잡하고 다양한 성격을 가진 삶의 현장인데, 누군가에 의해서 납작하게 표현되는 건 즐겁지 않죠. 저는 대구를 대변하는 거예요. 여기는 그런 곳이 아니라고.

가경 우리나라의 시선이 서울에 과도하게 집중되어 있는 것도 문제라고 생각해요. 저는 디자인 저술가로도 활동하면서 더 많이 실감하고 있어요. 디자인 매체에서도 서울의 그래픽 디자인만을 조명하거든요. 지역이 여행지로라도 소비되지 않으면, 여기서 생활하는 사람들의 목소리는 점점 줄어들 거예요.

리듬총서로 돌아가 볼게요. 대구 출신이 아닌 엄도현 작가와 작업한 이유가 궁금했어요.

가경 여기서 10년 이상 살았으니 이제는 대구를 이야기할 수 있는 당사자성은 확보했다고 생각해서 총서를 시작하게 되었어요. 그리고 함께할 작가는 내가 보지 못하는 대구를 제3자의 시선으로 포착할 수 있는 사람이길 바랐죠. 여행자가 보는 도시의 첫인상이 거기에 사는 사람들은 모르는 진실인 경우도 많잖아요. 또 그분의 이채로운 정체성이 리듬총서와 잘 어울리겠다 싶었어요. 작가님은 울산 출신인데 서울에서 학교를 다니고, 프랑스에서 사진을 전공했어요. 작가님의 감각과 시선을 믿기도 했고요.

제작 방식도 인상적이에요. 작가와 처음부터 함께 책을 기획하고 원고를 만들어가죠.

가경 전통적인 출판은 원고가 마련된 상태에서 책을 만들어요. 그런데 리듬총서는 만들고 싶은 책의 꼴을 떠올리고 협업할 작가를 찾아요. 어떤 사진과 원고가 나올지 알 수 없는 만큼 협업이 중요하죠. 리듬총서 두 번째 책,《어서 오십시오》도 작가와 기획 단계에서부터 함께하는 저작물이에요.

어떤 기획인지 소개를 들어볼 수 있을까요?

재완《아파트 글자》처럼 거리 간판을 다루는데요. 한국인이 해독하지 못하는 다국어 간판 경관을 찍는 프로젝트예요. 외국인 노동자나 유학생이 한국에 정착하면서 지역마다 이주민 커뮤니티가 만들어지고 있죠. 그럼 한국인이 읽을 수 없는 외국어들이 거리에 등장해요. 예를 들어 경상남도 김해의 동상시장 부근은 동남아, 중앙아시아 문자가 가득해서 한국 사람이 장을 보기도 어려울 정도래요. 책에는 하나의 행정 지역을 넘어서 우리나라 곳곳을 담아보려고 해요. 최요한 작가와 함께 준비하고 있어요. 외국인 체류자 증가와 관련한 통계 자료도 넣어보려고 해요.

《낯선 골목길을 걷는 디자이너》이야기를 좀더 해볼게요. 대구, 영남 지역 매체에 기고한 글을 모은 에세이집이죠.

재완 네. '영남일보'와 문화예술 잡지《대구문화》에 연재한 글이었어요. 원고를 묶어 책을 만들고 싶던 차에 출판사 '안그라픽스'에서 출간 제의를 받았죠. 우연히 대구에서 건축가, 인류학 연구자처럼 도시에 관심이 많은 분들과 교류하게 되면서 저도 도시가 흥미로워지더라고요. 또

전부터 거리 글자에 관심을 두고 있어서 답사하듯 골목을
돌아다니기도 했고요.

"책이라는 사물을 통해서 도시를 투영해본다.
도시의 판형, 도시의 판면, 도시의 레이아웃 그리고
도시의 마이크로 타이포그래피에 대해 생각해본다.
도시를 구성하는 세부로서 사람, 자동차, 집 등이
있다. 글자가 한 사람의 시민이라면, 글자 간격은
사람 사이의 관계인 셈이다. 단어는 각 개인이
이루는 크고 작은 공동체다."

— 《낯선 골목길을 걷는 디자이너》 중에서

도시를 책에 비유한 글이 기억에 남아요.
재완 2019년에 대구 북성로의 거리 글자를 수집하는
'북성로 글자 풍경' 전시를 열었어요. 우연히 하게 된
인터뷰에서 이런 질문을 받았는데요. "나에게 북성로는
◯◯이다." 저는 북성로는 책이라고 답했어요. 대답하고
곰곰이 생각해 보니까 재밌더라고요. 책과 거리의 속성이
비슷하다고 느꼈고 그 글까지 쓰게 됐네요.

**책의 요소가 모여 이야기를 만드는 것처럼, 사람과 길이
모여 이야기를 만든다고 볼 수도 있겠어요.**
재완 도시를 책이라고 말한 이유는 또 있어요. 책장에
책이 아무리 많이 꽂혀 있어도 펼쳐서 읽지 않으면 벽지와
같잖아요. 마찬가지로 도시도 의지를 갖고 관찰하지
않으면 우리 곁에 그냥 존재할 뿐이에요. 학생들과 대구
답사를 다녀오면 꼭 이런 이야기를 해요. 너무 익숙한
공간이라 자기 주변을 유심히 본 적이 없다고요. 그런데
들여다보면 전봇대도 색달라 보인다고 하죠.

"도시 이용자는 도시의 편집자다. 능동적인 도시
이용자가 도시를 읽고 쓰는 경험이 쌓일 때 어느덧 도시는
한 권의 멋진 책으로 완성될 것이다."라고도 쓰셨죠.
재완 편집자는 글자와 이미지를 배열해 좋은 판면을
만들어요. 폰트 하나, 자간 하나도 신경 써야 하죠. 도시도
마찬가지로 편집자의 마음으로 바라본다면 더 나은 곳으로
만들어갈 수 있을 거예요.

**이런 생각에는 대구에서 몇 년 사이 개발이 빠르게
진행된 탓도 있을 것 같아요.**
가경 절망적일 정도예요. 대구 한복판에 초고층
오피스텔이나 아파트가 계속 지어지고 있어요. 우리가
삼덕동에 정착한 것도 고즈넉함이 좋아서였는데, 대구
경관이 많이 달라졌어요.
재완 '압축 도시'라고, 도시 기능을 중앙에 집중하려는
추세도 늘고 있대요. 인구가 줄어드니 인프라를 도심에
몰아넣는 거죠. 압축 도시를 찬성하거나 비판하는 의견이
모두 있지만, 저는 도심으로 이주할 수 없는 사람에게는
비참한 현실이라고 봐요.

**동의해요. 그럼 두 분은 도시의 편집자로서 대구를
어떻게 바라보세요?**
재완 모두가 알고 있는 사실을 알리는 건 재미없는
일이에요. 사람들이 아직 모르거나 제대로 평가받지
못했지만 저한테 흥미로운 것들을 끄집어내고 싶어요.
대구의 창작자일 수도 있고, 대구의 역사일 수도 있겠죠.
가경 대구는 잠재력이 풍부한 도시예요. 문화적 자본도
풍성하고 역사도 깊죠. 하지만 그 자본을 편집해 매력적인
콘텐츠로 만들어내는 역량이 좀더 필요해요. 잠재력을

제대로 요리할 줄 아는 기획력이 갖춰진다면 더 매력적인
도시가 될 거예요.

　**저는 며칠 더 머무르며 대구를 알아가려 해요.
도시를 이해하는 가장 좋은 방법은 무얼까요?**
가경 경청하는 자세가 중요해요. 그곳에 사는 사람을
만나서 그들의 삶을 묻고 들어야 해요. 지역을 알게 된다는
건 단순히 보고 오는 것에 그치지 않죠.
재완 차를 타고 유명한 장소를 찾아가서 풍경을 눈에만
담고 오는 것으로는 도시의 속살을 알 수 없어요. 걷다

보면 사람들 말투도 들리고, 냄새와 소리도 느낄 수 있죠.
일단 와서 걸어보세요.

사월의눈이 부르는 이름들

대구를 찾기 전, 사월의눈에 대구에서 주목할 만한 창작자들을 물었다.
전가경, 정재완이 부르고 싶은 이름들. 그들을 호명하는 자리를 여기 마련해 둔다.

도시공원 기록 활동

"대구에서 이층책방을 운영하던 최윤경 대표가 2022년
시작했고, 이후 사진가 장혜진 작가가 공동기획자로
합류했어요. 매년 함께하는 팀원들이 달라지는데, 올해는
장혜진 작가와 시각예술 분과에서 활동하는 김민지,
백승현, 안수현, 이신혜 다섯 명이 함께합니다."

대구의 디자이너들

"대구를 기반으로 활동하는 디자이너들이 즐거웠으면
해요. 저는 그들이 대구에서 디자이너로서 재밌게 지낼 수
있도록 여러 일을 도모하고 싶어요. 독립 영화, 독립 출판,
독립 음악, 독립 기획자들이 교류하는 연결 고리가 되길
바라요."

대구의 영화인들

"대구단편영화제 집행위원장을 맡으면서 대구의 영화인을
가까이서 봤어요. 그들의 에너지는 엄청나요. 그들이
활발하게 영화를 만들 수 있도록 계속 응원하고 싶어요."

금호강 디디다

"금호강 팔현습지는 희귀 동물들의 서식지이지만 개발을
앞두고 있어요. 금호강 보존을 위해 여성 창작자 다섯 명이
다양한 예술 활동을 해요."

Interview

그 동네에는 유령이 산다. 그 존재는 매섭기보다는 둥글게 생겼고, 냉소적이기보다는
다정한 마음을 가졌다. 유령이 머무는 곳은 교동 한편에서 8년째 자리를 지킨
독립 서점 '고스트북스Ghost Books'. 서점의 운영자이자 책을 사랑하고 존중하는
류은지·김인철 작가는 유령처럼 가뿐한 몸짓으로 네모난 세계가 내어주는 세상을
유영한다. 글과 그림의 바다를 헤엄치는 그들의 모습은 사뭇 흔쾌하다.

네모난 세계로의 유영

류은지·김인철—고스트북스

에디터 이명주
포토그래퍼 강현욱

고스트북스 간판에 유령이 달려 있다고 해서 걸어오는
내내 유령만 찾았어요. 반가워요.
은지 안녕하세요. 어서 오세요. (하얀 강아지가 달려온다.) 토베!
기다려!

이 친구가 토베군요! 정말 귀엽네요. 만져봐도 될까요?
인철 그럼요. 태어난 지는 9개월 정도고 저희랑 함께
지낸 지는 두 달 됐어요. 아직 어려서 온 세상이 신기한가
봐요. 겁이 많기도 하고 낯선 사람들이 오면 행동이 더
분주해지네요. 토베, 앉아!
(한참 돌아다니던 토베가 엉거주춤 앉는다.)

이 틈을 타 얼른 이야기를 시작해야겠네요. 두 분은 과거
《AROUND》에 일상을 짧게 나눠주신 적 있죠. 오늘은
제대로 된 소개를 듣고 싶은데, 서로에 대해 말씀해
주실래요?
인철 오, 먼저 해주시겠어요?
은지 인철 씨는… 고스트북스에서 전반적인 운영과
더불어 국내 도서나 과학 장르 도서를 골라 입고하는 일을
맡아요. '김잠'이라는 이름으로 에세이나 단편 소설을 쓰고,
꾸준히 책 작업도 해요. 그리고 과학을 좋아하고 저한테는
남편이고, 또….
인철 설명이 어려운가 봐.
은지 이런 소개가 처음이라서(웃음). 제가 사랑하는
사람이죠.

그럼 인철 씨가 보기에 은지 씨는 어떤 사람이에요?
인철 류은지 작가는 고스트북스의 출발점인 사람이에요.
직접 이름을 짓기도 했고 출판으로 시작해서 서점으로
이어나가는 데 뿌리 역할을 했거든요. 고스트북스에서는
해외나 예술 도서를 큐레이션하고 내·외부로 보이는
이미지들을 가꾸고 있죠. 그림도 그리고 책도 만드는데 그
작업도 워낙 애정을 품고 열심히 하는 사람이라 작가로서의
역량도 뛰어나고요. 꼼꼼하고 철두철미하면서 추진력도
갖고 있어서, 제가 가지지 못한 좋은 점을 많이 가진
사람이에요. 귀감이 된다고 할까요?

오늘 대화의 초대 손님, 토베 소개도 해주세요.
인철 올해 7월 2일부터 함께 지내며 서로 알아가고 있는
가족입니다. 되게 순한데 겁이 많은 것 같아요. 이름은
저희가 좋아하는 그림책 작가이자 캐릭터 '무민'을 만든
'토베 얀손Tove Jansson'에서 따왔어요. 은지 말로는
토베라는 단어에 '아름다운'이라는 의미도 있다더라고요.
은지 제가 작년에 동물권행동 '카라'와 함께 달력 작업을
했는데요. 그곳에서 운영하는 유기동물 센터 '아름품'을

팔로잉하면서 어떤 친구들이 있는지 꾸준히 지켜봤어요.
강아지랑 살고 싶다는 생각이 있었거든요. 그곳에서 본
토베는 완두라는 이름으로 불렸고 형제자매들이 있었어요.
그리고 반년쯤 지났나, 다시 보니까 다른 친구들은 모두
떠나고 얘만 남았더라고요. 마음에 걸려서 직접 만나러
가자마자 데려와야겠다는 생각이 들었죠. 토베라는 이름을
지어준 후에는 우리 두 사람도 별명을 지었어요. 돌림자
'토'를 써서 저는 토지, 인철은 토철.

한국적인 느낌이 강하네요(웃음). 토베는 두 분과
오랫동안 함께하던 까만 고양이 '쿠로'가 떠난 후 만난
새 식구잖아요. 그 이별 이후로 고민도 있었을 것 같아요.
은지 13년 정도 같이 살았으니까 제 20대부터 쿠로가
함께했어요. 결혼하면서는 인철과도 한 식구가 되었고요.
너무나도 각별한 친구였는데, 2월에 갑작스럽게
무지개다리를 건넜죠. 쿠로를 마음속에서 보낼 때 정말
힘들었어요. 집에 아무도 없는 게 낯설고 고양이 물건들이
덩그러니 놓여 있는 게 너무 아픈 거예요. 쿠로와의
추억이나 함께하던 일상에 대해 인철과 자주 대화하면서
마음을 회복해 나갔어요. 우리의 남은 삶은 강아지든
고양이든 동물과 같이 보내겠다는 생각을 늘 했는데도,
새 친구를 만나는 데 작은 두려움이 들더라고요. 만남은 곧
이별을 가져올 테니까요.
인철 저한테도 쿠로가 주는 의미는 커요. 처음부터 감정적인
교류가 오간 건 아니지만, 약해진 쿠로의 모습이나 저한테도
의지하는 모습을 보면서 사랑을 느끼게 됐거든요. 가령 집
안에서 까만색 봉투를 얼핏 보곤 쿠로인 줄 알고 은지와
붙잡고 울기도 했어요. 같이 울다가 같이 위로하고요.
은지 그러다가 한편으로 생각해 보니까, 이별은 어쩔 수
없더라도 함께하는 시간만큼은 서로 행복을 나눌 수
있잖아요. 세상에는 버려지는 동물도 많으니 그중에서
새 식구를 만나고 싶었어요. 이별이 무섭다고 사랑을
안 할 수는 없는 노릇이더라고요.

사랑하는 존재에 대한 기억을 나눌 서로가 있다는 것도
큰 위안이 됐겠어요. 난생 처음 강아지와의 동거 생활은
어때요?
은지 고양이와 강아지는 완전히 달라요. 먼저 달려와서
적극적으로 안기는 강아지를 보니까 처음에는 정말
신기했어요. 그리고 하루에 두 번, 아침과 저녁에 산책을
가는데요. 저는 집에서 종일 앉아서 그림 작업을 하기
때문에 틈날 때 밖으로 나가는 게 도움이 된다는 건 알지만
잘 못 했어요. 토베가 오고 나선 산책과 작업 시간을
지키는 패턴에 적응 중이에요. 혼자 산책하는 것보다 훨씬
재밌더라고요.

인철 어제까지 북페어에 다녀오느라 군산에 머물렀는데요. 붕 뜬 시간에 바다 구경이나 하자며 변산해수욕장으로 갔어요. 신발이며 양말이며 벗어 던지고 다 같이 뛰어노는데 너무 즐겁더라고요. 아마 토베가 처음으로 바다를 본 날이었을 거예요.

세 식구의 집은 대구 도심이 아니라 자연과 가까운 곳에 있다고 들었어요. 어딘가요?

은지 대구시 달성군 가창면이라고 여기서 차로 25분쯤 가면 도착해요. 그 동네에서 산 지는 5년쯤 됐고, 2년 전에는 아예 주택으로 이사했어요. 언제나 자연과 가까운 조용한 곳에서 살고 싶었거든요. 읍내가 가까워서 인적과 동떨어진 건 아니지만요. 그곳에 있으면 계절감이 생생하게 느껴져요. 타닥타닥 빗소리가 들리고, 가을이면 우수수 떨어지는 낙엽이나 벼가 익어가는 모습도 볼 수 있어요. 풀 냄새도 항상 맡을 수 있고요.

인철 벌레도 이만한 게 나와요(웃음). 고스트북스는 화요일 하루만 쉬고, 월요일과 토요일엔 스태프분들이 맡아주시는데요. 남은 요일에는 출근하고 또 출근하지 않는 날에도 서점 일을 하곤 하지만, 일과 휴식의 시간을 분리해 보려고 해요. 그래서 집에 있을 땐 산책을 좀 길게 다녀오는 게 저만의 휴식이에요. 시골은 샛길이 많으니까, 오가는 경로를 다양하게 시도해 보거든요. 지나가기만 하던 길인데 여기로 가면 어느 지점에서 만날 수 있구나, 하면서 머릿속에 저만의 지도를 그리는 거죠.

소소한 즐거움이 있는 일상이네요. 어느덧 고스트북스가 문을 연 지 8년이 되었죠. 그때도 교동은 사람이 붐비는 동네였어요?

인철 지금처럼은 아니었어요. 가게가 이렇게 많지도 않았고요. 교동을 선택한 이유는 그때 이 근처에 살았고, 자주 오가는 곳이다 보니 익숙한 동네였거든요. 1층 자리를 둘러보다가 3층까지 올라오게 되었는데 채광이 좋은 창이 인상 깊더라고요. 시간이 흐르면서 교동은 음식점과 술집이 마구 생기고 젊은 친구들이 자주 찾는 동네가 되었어요.

서점에 대한 이야기를 좀더 들어보고 싶어요. 고스트북스에는 어떤 책들이 있어요?

인철 장르는 다양해요. 인문학이나 에세이, 소설, 문학 칸도 있고 출입문 근처에는 독립 출판물을 비치해 두었어요. 이쪽 매대에는 최근에 들어온 신간이나 오는 분들의 관심이 많은 것들을 모아두었고, 시집이나 사진집도 있어요. 창문과 가까운 쪽에는 예술 관련 도서와 해외 서적, 아트북을 두고요.

앞서 소개에서 각자 담당하고 있는 장르를 알려주셨는데요. 세상 모든 책을 가져다 둘 수 없으니 주인장의 시선이 중요하겠어요.

인철 음, 저는 스스로 흥미로워하는 책을 골라요. 같은 내용이라도 새로운 방식, 재미있는 방식으로 이야기하는 걸 좋아하고요. 제가 이공계 출신이라 칼 세이건의 《코스모스》나 생물학자 리처드 도킨스의 책, SF 소설 같은 걸 즐겨 읽었기 때문에 서가에 몇 칸씩 꾸려 두었어요. 2-3년 전부터 우리나라에도 젊은 국내외 작가의 SF 소설이 대중화되어서 양질의 책을 읽을 수 있기도 하고요. 그런데 생각보다 고스트북스를 찾는 손님들은 선호하지 않는 장르 같더라고요. 지금은 결국 한 칸만 남게 되었죠(웃음).

은지 저도 제 취향이 많이 반영돼요. '이 책을 누가 사 갈까?'라는 고민을 하는데, 그럼 나라는 사람이 우선 기준이 되더라고요. 나 같은 사람, 나와 비슷한 라이프스타일과 미적 기준을 가진 사람으로요. 책 앞에 서 있을 사람들을 상상하면서 고르고 있어요.

나와 손님들 취향 사이에서 균형도 잘 잡아야겠네요.

은지 맞아요. 고스트북스가 우리 개인 서가는 아니잖아요. 두 사람의 취향에 너무 매몰된다면 손님들에게 주어지는 기회가 줄어들 거예요. 운영 초반에는 이걸 몰랐다면 시간이 지날수록, 나의 취향과는 거리가 있더라도 누군가에게는 매력적인 흥밋거리가 되겠다는 생각으로 다양한 종류를 준비하고 있어요.

인철 이곳에 와서 무언가를 소비한다는 건 손님과 우리의 호흡 같아요. 우리가 한마음으로 준비한 걸 손님들이 보고 호응해 주니까요.

책을 정리할 때 장갑을 낀다고 하던데 이유가 있어요?

은지 책도 낡기 때문에 손이 많이 닿으면 손때가 타요. 서점 가는 걸 좋아해서 예전부터 여행으로 어딜 가든 서점에 들르는데, 어떤 곳은 늘 정갈하게 정리되어 있는 반면 어떤 곳은 책이 다 낡아 있어요. 책에서 시간의 흐름이 느껴지는 것은 좋지만, 자칫 방치되어 보일 수도 있기 때문에 가능하면 언제나 깨끗한 상태로 유지하고 싶어요. 여전히 새롭고 재미있는 것으로 여겨지도록요.

두 분이 한마음으로 잘 나아가고 있는 듯한데, 은지 씨의 클래스에서 두 사람이 처음 만났죠.

은지 독립 출판 세계에 일찍 발을 들였어요. 2015년에 고스트북스라는 이름을 지어서 정식으로 출판 등록을 했고, '진 메이킹 클래스'도 시작했죠. 거기서 인철을 만나 같은 이름의 서점을 만든 후에도 수업은 계속되어서 현재는 40기예요. 수업은 거창한 마음보다는, 프리랜서 작가의

벌이가 들쑥날쑥하니까 안정된 수입을 얻고 싶은 맘에 시작했어요. 그때가 서울에 2년 정도 머물다가 고향인 대구로 돌아온 상황이었는데 창작자와 창작을 꿈꾸는 사람들을 만나고 싶다는 생각도 컸고요. 내가 좋아하는 걸 나눈다면 무언가 될 수 있겠다는 바람으로 몇 페이지짜리 '진Zine' 만드는 수업을 기획했고, 당시 대구에서 단 하나뿐인 독립 서점 '더폴락'에 홍보를 부탁했죠. 그때 알게 된 사람들 중에 동료나 친구가 된 사람들도 있어요. 작은 책을 만든 걸로 함께 기뻐하고 행복해하던 기억이 나요.

인철 다들 각자만의 방식으로 스트레스를 풀 텐데 저한테는 글쓰기가 그랬어요. 힘든 순간이나 기억하고 싶은 순간에도 글을 쓰면서 스스로 위안을 받았거든요. 지금도 고스트북스라는 이름으로 나간 국내외 페어들에 대한 글을 브런치에 남기고 출간을 목표로 단편 소설도 쓰고 있죠. 그때는 글이 조금씩 쌓이는 걸 보니까 책으로 바꾸고 싶은 생각이 들더라고요. 우연히 더폴락의 수업 홍보 게시글을 봤을 땐 넉넉지 않은 상황에서 아끼며 살아가던 때라 마음을 접었어요. 이 수업료면 내가 밥을 몇 끼를 더 먹겠지, 싶었던 거죠. 며칠 후에 마지막 한 자리가 남았다는 게시글을 또 우연히 봤고, 이건 계시라고 생각하며 신청했어요. 밥 몇 끼보다 이 시간이 나을 수도 있다고요.

인철 씨는 수업에서 은지 씨를 보자마자 첫눈에 반했다면서요.

인철 맞아요(웃음). 제가 5기 수강생이었을 거예요.

은지 저는 수강생으로 만난 거니까 인철에게 큰 관심은 없었는데요. 인철은 스스럼없고 사람을 대하는 것에 능숙하다 보니까 수업에서 분위기를 잘 이끌어 주더라고요. 뒤처지는 분이 있으면 적극적으로 챙겨주고요. 저와는 반대 성향의 사람이고, 오히려 그런 점이 좋게 보여서 한편으로는 친구로 잘 지내면 좋겠다는 생각을 했던 것 같아요. 그런데 어느 순간 보니까 인철이 자꾸 옆에 있더라고요. 수업마다 일찍 와서 기다리고, 맛있는 거 사 오겠다면서 같이 나눠 먹고요.

인철 수업이 전부 끝나고 같이 영화 보러 가자고 한 적도 있는데 다른 사람을 데리고 오더라고요(웃음). 그래도 꾸준히 마음을 표현하면서 가까워졌고 사귀게 되었을 땐 저는 울산에서 엔지니어 일을 하게 됐는데요. 조직 생활에 적응하는 게 정말 쉽지 않아서, 나는 누군가를 위한 일을 하기가 힘들다는 걸 깨달았죠. 사실 정해진 길처럼 선생님 추천을 받아 기계과에 가고 취업한 거라, 내가 무얼 하고 싶은지에 대한 고민을 그제야 마주하게 된 것 같아요.

그 모습을 지켜보던 은지 씨가 인철 씨에게 먼저 서점을 만들자고 제안한 건가요?

은지 네. 인철은 흔쾌하고 진득하게 무언가를 함께 하기에 좋은 사람이에요. 인철이 책을 좋아하고 책 다루는 일을 하고 싶은데 그동안은 그렇게 살아본 적이 없기에 가던 방향으로만 가는 건 아닐까 생각했어요. 저는 그림과 책을 만드는 삶을 살고 있었으니까 이렇게도 길을 만들 수 있다고 이 사람에게 보여주고 싶었고요. 서점을 하자는 제안에 몇 년간 고민하다가 함께해 주었죠.

변화가 필요한 시기에 행운 같은 서로를 만났네요. 고스트북스라는 이름은 어떻게 짓게 됐어요?

은지 '작업하는 나'라는 존재가 유령 같았어요. 평소에는 존재감 없이 어디선가 묵묵히 글을 쓰고 그림을 그리는데 주변 사람들은 아무도 모르잖아요. 그런데 완성한 결과물을 어떤 형태로든 발표하면 주변으로 영향력이나 기분 좋은 에너지가 퍼질 수 있죠. 존재감이 얕던 유령이 갑자기 나타나면 놀라는 것처럼요.

그 유령은 무시무시한 느낌이 아니라 '캐스퍼'처럼 말랑하고 친근할 것 같은데요. 유령을 어떤 모습으로 상상해요?

은지 음, 귀여운 느낌? 제가 그리는 그림들과 닮았을 것 같아요. 재미있는 무언가를 계속 궁리하기도 하고요.

인철 장난치고 싶어서 주변을 아른거리는데 짓궂은 게 아니라 새로운 걸 보여주고 싶은 느낌인 것 같아요. 때가 왔을 때 숨겨 둔 능력을 딱 보여주는!

은지 한편으로는 유령에 대해 이런 생각도 해요. 요즘은 책을 읽기보다 그 자체를 소비하는 시대라고들 하지만, 서점에 와서 책을 찾는 분들은 소수인 것 같아요. 그래서 이 문화를 향유하는 사람들, 직접 고른 책을 넘겨보는 것 자체가 용기 있다는 생각을 하거든요. 그들도 어떤 에너지를 얻거나 발휘하기 위해서 책을 찾을 텐데, 그렇다면 창작자뿐 아니라 보는 이들도 '용감한 유령' 같은 존재가 아닐까 해요.

독립 서점으로 8년 동안 한자리에 머물면서 크고 작은 고민들을 마주했겠죠. 최근엔 어떤가요?

인철 가게는 시기에 따라 성장의 높낮이가 있더라고요. 처음에는 작은 걸 해도 금방 반응이 올라오지만 어느 시점부터는 크게 눈에 띄는 성장이 없을 수도 있어요. 시대적 상황에 영향을 받기도 하죠. 팬데믹 시기에는 은지의 그림 작업이 두드러지는 세컨 브랜드 '리틀룸little room'을 만들고 온라인에서 활로를 찾았다면, 지금은 아주 느리게 성장하는 듯한 상태를 어떻게 헤쳐 나갈까 고민하고 있어요. 그게 요즘의 숙제예요.

은지 우리에게 성장이 무얼까 고민한 적 있는데, 손님들한테 이런 이야기를 듣고 싶더라고요. 몇 년 전에 왔다가 이번에

다시 왔는데 여전히 좋다거나, 새로 알게 됐는데 이렇게나
오래된 곳인지 몰랐다는 말이요. 어떤 가게든 오래되면 낡을
수밖에 없지만, 낡게 보이지 않도록 만드는 게 성장 같아요.
그러기 위해선 우리부터 늙지 말아야 하는데(웃음). 같은
결에서 개인의 성장이 고스트북스의 다음 성장이 될 수도
있지 않을까 싶네요.

계속해서 다음을 생각하고 있네요.
은지 고스트북스보다 일찍 시작한 독립 서점들이 있잖아요.
10년 훌쩍 넘은 곳도 있고요. 저에게는 그분들이 아주
큰 힘이 돼요. 좋아하는 걸로 꾸준히 먹고살 수 있다는
증명이자 좋은 본보기 같아서요. 작은 서점이라도, 오래전에
세워졌더라도 손님들에게 다가갈 땐 언제나 신선하고
싶어요.

어느 책방은 고스트북스를 보면서 같은 생각을 할지도
모르죠(웃음). 리틀룸에 대해서도 듣고 싶어요. 직역하면
'작은 방'인데 은지 씨의 작업실을 말하는 건가요?
은지 맞아요. 저는 항상 방에서 일하니까 그곳에서 본 여러
가지 풍경을 담는다는 의미예요. 누구에게나 자기만의
방이 있잖아요. 내 안의 작은 방에서 만든 게 누군가의
방으로 간다면, 따뜻한 온기가 함께 전해지길 바라면서
그림을 그려요. 그걸 포스터나 카드, 작은 가방 같은 것들로
만들고요. 저는 예전부터 종이에 수작업으로 그리고 수채로
색칠하는데, 보는 분들이 편안한 작품이라고 해주세요. 아마
그게 물 농도에 따라 느낌이 다른 물감의 매력 덕분이지
않을까 생각해요.

저도 물기를 머금은 은지 씨만의 그림들을 좋아해요.
방에선 어떤 풍경이 보여요?
은지 주변이 온통 시골이니까 특별할 건 없고요. 풀과 꽃,
식물 같은 자연, 고양이, 일상적인 생활용품들이 있어요.
이제는 토베가 있으니 그림에 강아지가 더 자주 나올지도
모르겠네요.

> 비가 거세게 내리던 날, 고양이는 창문 앞에 앉아
> 하늘을 올려다보았습니다. 시꺼먼 먹구름이 하늘을
> 점점 삼킬 듯 했어요. 고양이는 파란 하늘을 영영
> 볼 수 없을 것 같은 생각에 무서워졌습니다.
>
> —류은지, 〈The Cat Afraid of Dark Clouds〉 중에서

《The Cat Afraid of Dark Clouds》를 인상 깊게
지켜봤어요. 먹구름을 무서워한 고양이의 이야기라고요.
은지 '누군가의 머리 위에도 먹구름이 있는 날이 있겠지,
그 사람은 어떻게 구름을 대할까?' 그런 생각을 하면서

만든 거예요. 코로나가 한창일 때 밤마다 막연한 두려움이
느껴져서 잠을 잘 못 자던 때가 있었는데요. 고장 난 마음을
어찌해야 할지 몰라 메모장에 이야기를 썼어요. 한참
뒤에 책으로 만들기로 결정한 후에는 표지와 면지, 내지도
고심해서 고르고 하드커버를 씌운 후에 제목은 금박으로
썼어요. 애정이 듬뿍 들어간 작업이자, 애정을 듬뿍 받고
있는 작업이에요.

손바닥만큼 작은 은지 씨의 신작

홈페이지에는 서점에서의 일상을 기록하는 '유령의
안과 밖'이라는 페이지가 있죠. "책을 채우는 창작
과정과 그것을 매력적인 형태로 구현해내는 일. 하나의
관념으로만 존재하던 무언가를 책이라는, 실체를 가진
사물로 탄생시키는 일련의 과정은 '제작'이라는 단순한
의미를 넘어 '숭고한 가치'로 다가온다."고 하셨어요. 어떤
마음으로 쓴 글이에요?
인철 누가 썼지?
은지 자기가 쓴 거 아냐?
인철 언제 썼더라, 아마 오래전 같은데요(웃음). 저희는
책이 가진 가치를 귀중하게 여겨요. 사람은 대화하지 않는
이상 누군가의 생각을 상세히 알기 어렵잖아요. 그런데
생각을 서사가 담긴 문장으로 녹여내고 물성을 더해 책으로
만들면, 이 세상 어디에 있는 글쓴이와도 대화를 나눌 수
있어요. 게다가 그 대화는 영원히 간직할 수도 있고요. 저는
그 대화로부터 생각이 확장되는 걸 여러 번 경험했거든요.
지구에 이런 사람이 있구나, 내가 이런 생각도 할 수 있구나
싶은 거죠. 어릴 때 어머니가 출판사 '계몽사'에 다니셔서
《삼국지》나 세계 문학을 읽었을 때도 그랬고, 어른이 된
이후에 《코스모스》도 마찬가지였어요. 인생 곳곳에 책이
있었고 그게 혼란스러운 시절의 저를 여기까지 끌어줬다고
생각해요.
은지 한 권의 책을 비싸지 않은 예술 작품이라 한다면
우리는 언제나 예술을 소유할 수 있어요. 작품을
나의 영역으로 들이는 것, 공간 한편에 얼마큼을
내어주는지에서도 책의 가치를 가늠해 볼 수 있다고

ART
POSTER
NAGOYA RYOKAN 1988
publishing house
タバコブックス 1985-1989
STEREO
夏を燃やす光
open it !
SPOROID
UNRO
SHADOW
BOOK
sandwich day
ブルー・ライン
1970-1990
YAMA

생각해요. 책을 나의 일상에 둔다는 건 그만큼 삶의 일정 부분을 책에게 할애한다는 거잖아요. 저는 책한테 제 공간을 기꺼이 내어주고 싶어요.

책을 누구든 소유할 수 있는 예술로 표현한 게 인상 깊네요.
인철 이 네모난 세상에는 한계가 많아 보여도 사실은 없어요. 심지어 네모난 모양이 아니어도 되고요.

그럼 잔혹한 질문을 하나 해볼게요. 만약 내일 세상의 모든 책이 사라진다면?
은지 (잠시 고민한다.) 책장이 텅 비어서 정말 이상할 것 같은데요. 고스트북스는 어쩌죠(웃음)? 우선 책이 사라진 세상에 대한 이야기를 담은 그림책을 구상해야겠어요.
인철 전 너무 놀랄 것 같은데…. 오늘 좋은 책을 전부 읽어서 내일 세상의 첫 책을 제가 만들 거예요!

하나 더 있어요. 고스트북스에서 단 한 권의 책을 추천한다면?
은지 저는 장 그르니에의 깊은 사유를 느낄 수 있는 에세이 《섬》이요. 카뮈가 서문에 이렇게 써두었어요. "처음 몇 줄을 읽다 말고는 다시 접어 가슴에 꼭 껴안고 마침내 아무도 없는 곳에 가서 정신없이 읽기 위하여 나의 방에까지 한걸음에 달려가던 그날 저녁으로 나는 되돌아가고 싶다." 그 서문을 처음 읽었을 때 아주 설레였던 기억이 있어요. 현재 머물던 자리에서 어딘가로 떠날 때 꼭 챙기던 책인데, 지금 돌아보면 외로운 순간마다 이 책을 펼치고 읽었던 것 같아요.
인철 저는 후지모토 타츠키의 만화 《룩 백》이요. 《파이어 펀치》나 《체인소 맨》으로 유명한 작가인데, 그 사람의 상상력과 서사를 구성하는 능력이 압축된 게 이 책이라고 생각해요. SF적인 요소도 있고요. 강력 추천합니다!

모든 질문을 잘 이겨내셨어요(웃음). 문득 두 분에게 대구에서 사는 것의 의미가 무엇인지 궁금해져요.
은지 저와 인철에게 대구는 돌아온 곳이에요. 더 많은 기회를 찾아 서울로 가서 좋은 친구들도 많이 만났지만, 스스로 그곳과 잘 맞는 사람인지 계속 고민했어요. 내가 꼭 서울에 살아야지만 책을 만들고 그림을 그릴 수 있는 게 아니니까, 대구로 가서 나를 먼저 돌보자고 생각해서 돌아왔죠. 그런데 정말 익숙하고 편하더라고요. 서울에서보다 삶의 질도 올라가고 지속가능한 일상을 찾은 것 같았어요.
인철 지방 소멸 같은 이야기가 매일 나오고 있듯이 저도 종종 한계를 느낄 때가 있어요. 하지만 저와 은지의 선택이잖아요. 지역에서도 충분히 정착하고 살 수 있다는 예시가 되길 바라요.

지난 어라운드와의 인터뷰에서, 대구에서 다양한 창작자와 서점 운영자들과 함께 늙어가는 상상을 한다고 하셨어요. 그 상상은 여전한가요?
은지 그럼요. 서점을 꾸리거나 창작자인 친구들이 주변에 있는데 북페어에 나갈 때 같이 숙소를 잡을 정도로 가까이 응원하면서 지내요. 언제까지 할 수 있을지는 모르지만 이왕이면 건강하게 잘하고, 잘 지내고 싶죠.
또 개인적으로는 좀더 우리와 어울리는 고즈넉한 동네로 고스트북스를 옮겨보고 싶은 소망도 있어요. 지속가능한 일상 안에서 언제나 새롭게 다가가고 싶거든요.
인철 언제든 와서 보물찾기처럼 나만의 신선한 영감을 발견하는 곳이길 바라요.

성격은 한참 다르다면서 어느새 닮은 얼굴로 웃고 있는 은지와 인철을 바라본다. 그리고 그들 주변을 유령처럼 둥둥 떠다니는 이름들을 헤아린다. 고스트북스, 리틀룸, 먹구름을 무서워한 고양이, 김잠, 쿠로와 토베, 귀여운 별명인 토지와 토철까지. 언제나 가까이에 머물면서 사뿐사뿐 두 사람 주위를 맴도는 이름들은 알고 보니 전부 사랑이라는 의미였다. 그 존재들을 곁에 둔 채로 은지와 인철은 나아간다. 나란히 마주 잡은 손으로, 멈추지 않는 가벼운 걸음으로.

우리는 용감한 디자이너입니다

누가 디자이너는 지역에서 살아남을 수 없다고 했던가. 사람과 일이 모이는 거대한
서울을 뒤로하고 씩씩하게 대구를 지키는 창작가들이 있다. 각자의 개성이 담긴 작품을
만들며 거침없이 나아가는 대구 로컬 그래픽 디자인 스튜디오의 이야기를 소개한다.

글 차의진   자료 제공 구김종이, 낫심플 스튜디오, 샤이 스튜디오

샤이 스튜디오

김승수, 임지수 디자이너가 이끄는 그래픽 디자인 스튜디오. 2017년 대구에서 시작됐다.
일러스트레이션을 기반으로 패키지, 책, 온라인 홍보물 디자인 등 다양한 그래픽 작업을 한다.
대중적인 것보다는 생각할 거리가 있고 납득 가능한, 무엇보다도 재미있는 디자인을 지향한다.
스튜디오 이름인 샤이SHAI는 '선샤인Sunshine'과 '샤이닝Shining'에서 중간 글자를 따와 지었다.
따뜻한 햇살처럼 일상에 밝은 빛을 더하고, 언제나 돋보이는 존재가 되고자 하는 목표가
담겼다. 2021년부터는 일러스트 기반 포스터와 제품을 선보이는 온라인 브랜드 샤이웍스SHAI
WORKS도 전개한다.

낫심플 스튜디오

2018년 대구에서 시작한 그래픽 디자인 스튜디오로 박지예, 조현후 디자이너가 함께 운영한다.
한 도시의 인물들을 소개하는 매거진 《We face》를 창간하며 문을 열었다. 스튜디오 이름을
고민하던 중, 책장에 꽂혀 있던 동명의 만화책에서 답을 얻었다. 주로 전시, 공연 관련 기관의
그래픽 디자인 작업을 해왔다. 작년부터는 광주 국립아시아문화전당 관련 디자인도 소화하며
대구를 넘어 다양한 지역에서 유연하게 활동한다. 초창기는 재정적 안정을 위해 열심히
일하기를 목표로 삼았으나, 근래에는 오래 일할 수 있도록 건강하게 일하기를 꿈꾼다.

구김종이

2019년 대구에서 문을 연 구민호 디자이너의 1인 스튜디오. 타이포그래피를 중심으로 포스터,
책, 잡지 등 인쇄물과 더불어 웹 홍보물, 웹 페이지를 디자인한다. 스튜디오 이름은 함께 사는
고양이의 이름과 같다. 구민호 디자이너의 성 '구'와 배우자의 성 '김'을 합쳐 성이 '구김'이고,
이름이 '종이'라고. 구 디자이너는 디자인이 완료된 지면을 최종 인쇄하기 전 시험 삼아
프린트한 종이를 둥글게 뭉치곤 했다. 종이공은 고양이가 가장 좋아하던 장난감으로, 스튜디오
심벌이 되었다. 종이를 공으로 만들면 완전히 새로운 물성이 탄생한다. 더 이상 글자를 읽을
수도, 페이지를 넘겨볼 수도 없는 종이공의 비정형성과 탈일상성은 구 디자이너의 마음에
와닿았다. 구김종이가 지향하는 바도 이와 같다. 기존과 차별화되는 새로운 시각, 다른 질감을
만드는 스튜디오가 되길 바란다.

일상의 빛을 밝혀라

샤이 스튜디오

샤이 스튜디오의 작업물은 만든 이를 또렷하게 나타낸다. 고양이, 여우 등 동물을 친근하게 의인화해 개성이 담긴 일러스트를 디자인에 녹여낸 덕분. 이들의 손이 닿은 패키지 디자인, 브랜딩에도 특유의 경쾌함이 느껴진다. 일러스트 기반 제품을 선보이는 샤이웍스에서는 메모 패드, 포스터 등 일상을 반짝이게 할 더 많은 굿즈를 만나볼 수 있다.

"대구는 촉박하고 치열하지 않은 속도와 리듬을 가지고 있습니다. 이런 환경이 디자인을 깊이 탐구하고 나만의 스타일을 확립하기에 좋았어요."
—샤이 스튜디오 김승수 디자이너

임지수 디자이너는 대구에서 나고 자랐다. 가족과 고향을 향한 애정 때문에 타 지역으로의 취업은 크게 고려하지 않았다고. 고향을 지극히 사랑하거나 서울에 가기 어려워서가 아닌, 나의 지역에서 좋아하는 일로 자리를 잡고 싶었단다. "그게 가능할 거라는 근거 없는 자신감이 있었어요. 무엇보다 대구를 떠날 이유가 없었던 것 같아요." 그는 대구의 한 디자인 회사에서 김승수 디자이너를 동료로 만났다. 마찬가지로 대구에서 나고 자란 김 디자이너는 퇴사 이후에도 이곳에서 일을 이어가면서 자연스럽게 고향에 머물렀다. 그는 대구에 계속 살게 된 이유가 익숙함 때문만은 아니었다고 말한다. "이곳은 계속해서 저를 끌어당기는 무언가가 있었던 것 같아요." 대도시와 비교해 비교적 느슨한 대구는 자신을 탐구할 수 있는 여유로운 환경을 내어주었다. 다른 곳에서라면 이미 누군가가 시작했을 프로젝트들도 이곳에선 새로운 개척의 기회가 되었다고. 도시는 성장할 수 있는 토양, 기회와 도전을 내어주며 그의 디자인 철학을 풍부하게 만들어 주었다. 스튜디오 운영에 있어서도 서울보다 비용 부담이 덜한 편이다. 덕분에 스튜디오도 좀더 안정적으로 유지하고, 창의적인 작업에 더 집중할 수 있다고. 하지만 아쉬움도 있다. 제작 및 인쇄 관련 인프라, 다양한

브랜드와의 팝업과 행사, 교육 기회 등이 상대적으로 부족하다. 임 디자이너는 이보다 더 큰 문제는 디자인을 대하는 지역 클라이언트의 시각이라고 말한다. 그러나 시간이 지날수록 디자인의 가치를 알아보는 이들이 많아지는 걸 체감하고 있다. 김 디자이너는 이러한 한계점에 비추어 특정 지역의 좋고 나쁨을 판단하기보다는, 현재 내가 있는 곳에서 어떻게 버티고 성장하느냐에 따라 경험의 의미도 달라질 수 있다고 본다.
기억에 남은 프로젝트는 독립 서점 '더폴락'에서 주최하는 축제 '아마도 생산적 활동' 관련 디자인을 진행한 것. 올해로 벌써 3회째 작업이다. 지역에서 오래 자리를 지킨 팀과의 작업은 이들에게 재미를 불어넣어 주었다. 전시 〈DIFF n Poster〉도 소중한 경험이었던 건 마찬가지. 대구단편영화제 부대 행사로, 지역 창작자들이 영화제 경쟁작 포스터를 만들어 전시하는 프로젝트다. 지역에서 열리는 영화제에 참여하는 뜻깊은 기회이면서도 대구의 디자이너들과 인연을 맺을 수 있는 자리였단다.
두 사람은 스튜디오와 브랜드를 꾸준히 성장시키는 것을 목표로 삼았다. "대구의 디자인 스튜디오 하면 떠오르는 팀이 되면서도, 지역 구애 없이 다양한 작업을 할 수 있게 되는 것. 스튜디오로서 걱정 없이 작업을 계속할 수 있는 환경을 구축하는 것이 목표예요." 샤이웍스 쇼룸을 마련할 계획도 있다. 독창적인 공간으로 더 많은 사람들과 깊이 있는 경험을 나누게 되길 두 사람은 원하고 꿈꾼다.

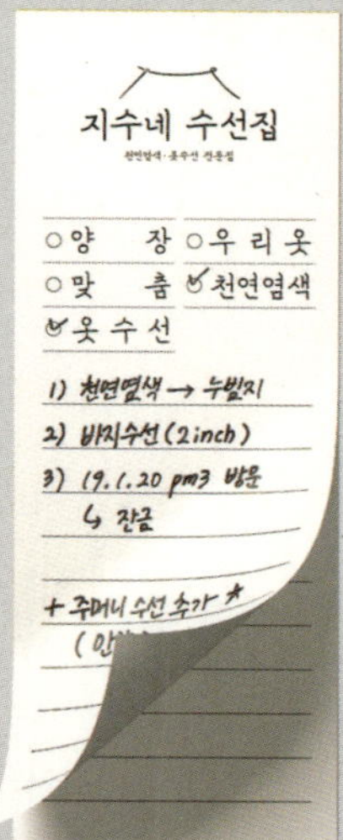

2019 지수네 수선집 브랜딩, 2021 ATM21 포스터, 2021 DIFF n Poster 〈닮은 것들〉 포스터,
2022 DIFF n Poster 〈열쇠의 모든 것〉 포스터, 2022 Rully Coffee 패키지 디자인,
2023 〈아마도 생산적 활동〉 포스터

SHAI
STUDIO™

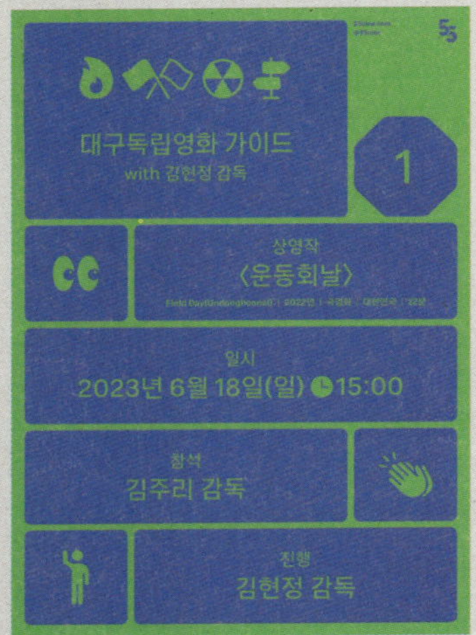

2023 달서아트센터 〈플레이리스트: 언타이틀〉 포스터, 2024 국립아시아문화전당 〈현장 속으로: 기억과 사건〉 포스터,
2023 DIFF n Poster 〈휴식과 나의 남자친구〉 포스터, 2023 오오극장 〈대구독립영화가이드〉 포스터,
2023 국립아시아문화전당 〈틈이 내게 말을 걸어올 때〉 도록,
2023 대구콘서트하우스 '월드오케스트라페스티벌' 포스터

notsimple

지역 문화예술과
나아가기

낫심플 스튜디오

달성문화재단, 달서아트센터, 대구콘서트하우스, 대구미술관…. 대구에 자리한 지역 문화예술 기관이다. 콘서트 포스터, 도록, 안내지 등을 꾸준히 제작해 온 이들은 낫심플 스튜디오. 문화예술 관련 기관들과 협업하며 규모 있는 작업을 이어가는 중이다. 이제는 대구를 넘어 지역을 바라보는 그들은 거침없이 다음 발걸음을 내디딘다.

"대구에 거주한다고 해서 꼭 대구의 일만 할 필요는 없다고 봐요. 역설적으로 지역에 국한되지 않는 방식이 지역에서 스튜디오를 오랫동안 유지하는 방법이라고 생각하거든요."

—낫심플 스튜디오 조현후 디자이너

낫심플 스튜디오의 초창기는 지금과 사뭇 달랐다. 첫 작업물은 바로 매거진이었기 때문. 서울에서 직장 생활을 하다 퇴사 후 대구에 머물던 조현후 디자이너는 대구의 문화예술인들이 어떤 삶을 살아가는지 문득 궁금해졌다. 조 디자이너는 그들의 이야기를 듣고 기록하면서, 대구에서 디자이너로 활동할 수 있는지를 가늠해 보기로 한다. 박 디자이너가 프로젝트에 합류했고, 매거진 《We face》가 탄생했다. 이를 계기로 작업을 의뢰받으면서 현재에 이르렀다. 몇 년간 스튜디오를 유지하게 한 동력은 재정적 안정과 클라이언트의 인정. "신뢰 속에서 협업할 때 가장 큰 시너지가 나요. 구현하려는 이미지가 명료해지고, 가보지 않았던 영역도 시도하게 되죠." 스튜디오 초기에 박지예 디자이너는 서울과 대구를 오가며 일했지만, 2년 전부터 대구 시민이 되었다. 스튜디오에 문 두드리는 이들이 많아져 아예 대구에 터전을 마련한 것. 이후 두 사람은 한 사무실에서 힘을 모으고 있다. 서울과 비교해 대구는 일의 규모와 수요, 클라이언트의 다양함에서 차이가 존재했다. 이곳은 기관과 소규모 단위의 일이 주를 이룬다고. 동시에 경험하고 싶은

디자인 분야를 빠르게 접할 수 있는 기회의 땅이라는 것이 이들의 견해다. "문화예술 분야의 디자인 작업에 관심이 있었지만, 서울에서는 관련 경험이 없어 멀게만 느껴졌어요. 만약 서울에서 스튜디오를 시작했다면 클라이언트가 선택할 수 있는 스튜디오 폭이 워낙 넓어서 저희가 기회를 얻기 쉽지 않았을 것 같아요." 대구는 집값도 좀더 낮은 덕에 주거의 질도 향상되어 일에 집중할 시간이 늘고 마음에 여유도 생겼다. 하지만 문화적 풍요로움은 여전히 부러운 부분 중 하나다. 다양한 전시와 공연이 많고, 종이 샘플 등의 자료도 쉽게 확인할 수 있으며 인쇄소도 많다는 것이 서울의 장점. 따라서 두 사람은 주기적으로 서울에 가서 순회하듯 전시와 공연을 보고, 자료 수집을 한다. 낫심플 스튜디오는 대구의 그래픽 디자인 신이 조금씩 변하고 있다고 본다. 스튜디오 규모가 점차 작아지는데, 큰 규모의 일들도 소규모 스튜디오에 주어지는 것 같다고. 다양한 협업 관계 덕에 디자인 스튜디오가 가진 속성도 확대되고 있다. 대구에서는 요식업이 발달해 새로운 카페나 음식점이 계속 생겨나고 있어, 스튜디오들이 브랜딩과 인테리어까지 디자인 영역을 확장하는 모습이 종종 포착된다. 두 사람은 대구를 넘어 다양한 지역의 일에 도전하고 싶은 마음이 있다. 새로운 경험을 쌓아 스튜디오의 가능성을 키우고자 자신들의 역량을 객관적으로 고민해 보고 있다고. 지역의 경계를 넘어 성장할 낫심플 스튜디오의 발걸음을 응원한다.

대구의 디자인을
고민하며

구김종이

구김종이는 글자를 이용한 디자인이 돋보이는 스튜디오다. 텍스트의 과감한 배치와 변형에서 구민호 디자이너의 감각을 단번에 알아챌 수 있을 터. 경우에 따라서 서체를 새로 만들기도 하지만, 텍스트를 미적으로 배치하는 타이포그래피 작업이 주다. 구김종이는 전시, 축제, 행사 등 대구의 다양한 문화예술 활동 관련 작업에 참여하며 로컬 기획자, 디자이너와 긴밀히 연결된다.

"사실 대구에서 디자이너로 살아가는 것은 정말 고된 일이에요. 하지만 이보다 더 큰 장점이 있을까 싶습니다."

—구김종이 구민호 디자이너

구민호 디자이너는 대구에 관해 적극적으로 고민하고 목소리를 낸다. 포럼, 행사 등에 참여해 대구에서 디자이너로 살아가는 일을 논하거나, 대구를 다룬 도서 《지상대구》,《남구도시기억도큐멘타》를 디자인했다. 그가 지역에 관해 숙고하게 된 계기는 한 친구의 연락. 친구는 대구에서 대학원을 졸업하고 나면 서울로 가야 할지, 대구에서 활로를 찾아볼지 고민하고 있었다. 구 디자이너는 어디든 좋다고 답했지만, 며칠 동안 그 질문은 머리에 맴돌았다. "가족, 친구, 시각 디자인을 공부하면서 만난 동료들, 선생님. 단지 취직을 위해 모두와 떨어져서 살아가는 제 모습이 낯설게 느껴졌어요. 직업은 삶을 영위하기 위한 수단인데, 수단을 위해 목적을 희생하는 건 이상한 일이잖아요." 그는 대구에 스튜디오를 열기로 결심한다. 그러나 두려움도 찾아왔다. "주류에서 떨어진 삶을 살아야 할 텐데, 십 년, 이십 년이 지나도 내가 디자이너일 수 있을까? 스스로에게 그 질문을 많이 했어요." 질문의 끝에서 그는 좀더 성장하고자 독일 유학을 결심했다. 그곳에서 구 디자이너는 도시의 디자인 신이 박물관이나 미술관을 기반으로 작동하고, 예술 학교를 통해 자연스럽게 순환하는 모습을 목격했다. "그 모든 장면을

대구라는 도시에 대입해 보면서 시간을 보낸 것 같아요." 그는 고향에서 디자이너로 살아가는 일을 그려보고 꿈꿨다. 서울의 한 디자인 회사를 다니다 마침내 대구에 자리를 잡은 때, 그는 "시간 여행을 온 기분이었다."고 설명한다. 디자이너의 인권 문제, 임금 문제, 불합리한 계약 조건 같은 문제점이 도처에 있었다고. 여전한 문제를 해결하기 위해 그는 매체가 지역을 조명해야 한다고 본다. 매체의 지나친 서울 중심적인 사고는 사람들이 지역에 무관심하도록 만들며, 로컬 디자이너들이 자신감을 잃어가게 만드는 까닭이다. 결국 지역에서 활동하는 이들은 자신을 대외적으로 표출하는 일에 소극적으로 변한단다. 구 디자이너는 로컬 디자이너들을 조명하고 그들과 교류하는 장을 마련하는 일에 열심이다. 그는 앞에서 언급한 〈DIFF n Poster〉 전시를 2022년부터 총괄해 왔다. '주류' 디자인 신에서 자주 호명하는 사람들을 전시에 다시 소환하는 일보다는, 지역에서 주로 활동하기 때문에 디자인 신에서 조명받지 못하는 훌륭한 디자이너들을 찾아낸다는 데 의의를 둔다. 목표를 묻는 말에 그는 한 단어를 전했다. 생존. "결국에는 오래 살아남는 것이 이기는 것이니까요. 할아버지 그래픽 디자이너가 되는 게 꿈입니다." 몇 대째 같은 곳에 사는 가족, 친척들, 유치원 때부터 알고 지내는 친구들…. 소중한 이들로 둘러싸인 고향에서 구김종이는 용기를 나누며 오늘도 나아간다.

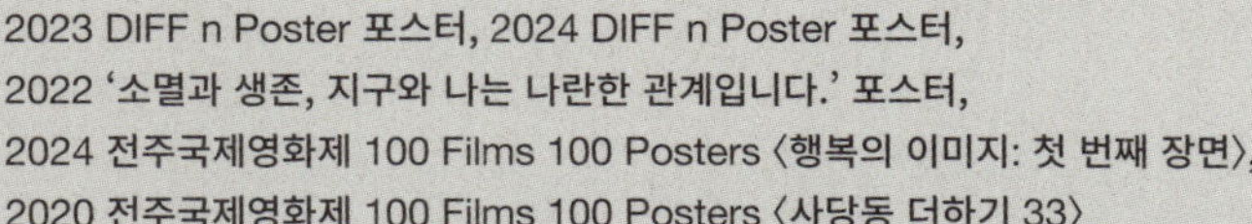
2023 DIFF n Poster 포스터, 2024 DIFF n Poster 포스터,
2022 '소멸과 생존, 지구와 나는 나란한 관계입니다.' 포스터,
2024 전주국제영화제 100 Films 100 Posters 〈행복의 이미지: 첫 번째 장면〉,
2020 전주국제영화제 100 Films 100 Posters 〈사당동 더하기 33〉

일상의 풍경 한편에서 문득 그리움을 떠올린다. 홀로 마주하는 늘어진 수평선, 창밖으로
하릴없이 바라보는 해 질 녘, 운동장에서 흩어지는 교복을 입은 아이들과 잠들지 못해
기어이 마주하게 된 푸르스름한 새벽처럼. 출판사 '타바코북스Tabacobooks'를 이끄는
작가 기탁은 언제인지, 누군가의 기억인지 짚어낼 수 없는 장면에서 느끼는 그리움을
담백하게 그려낸다. 그가 잔잔한 모양새로 옮겨둔 그림에서는 혼자라도 그다지 외롭지
않은 것 같다. 피어오르는 한 줄기 연기를 따라 고요히 거닐면 되니까.

어떤 기억을 고요히 거닐며

기탁―타바코북스

에디터 이명주
포토그래퍼 윤현기

반가워요. 이야기를 하기 위해 테이블에 앉으니 질문지에 이것저것 적어둔 게 보이네요(웃음).
동대구역에 비가 많이 온다고 들었는데 여기까지 오느라 고생하셨어요. 제가 말을 잘 못하거든요. 어떤 이야기를 할지 단어만 '통통통' 적어뒀어요. 근데 그대로 못할지도 몰라요. 최대한 편안하게 답해볼게요.

좋아요. 가장 먼저 소개를 들어볼까요?
뭐라고 해야 할까요(웃음). 1인 출판사 타바코북스를 운영하면서 일러스트를 그리고 있는 기탁이라고 합니다. 《AROUND》는 제 아내이자 '사이에 포터리'를 이끄는 김민지 작가가 인터뷰를 한 적 있어서 알고 있었어요. 제안이 도착하자마자 기쁜 마음으로 받았습니다.

두 분의 집이니 곳곳에 민지 씨의 세라믹 작품도 보여 반갑네요. 서울국제도서전에 이어 군산북페어까지 참여했는데, 어떤 일상들을 보내고 있어요?
상반기는 오프라인 행사와 외주 작업들로 무척 바빴어요. 평소에 외주를 잘 받는 편은 아닌데 올해는 유독 친구들과 함께하는 작업이 많았죠. 그래서 하반기부터는 타바코북스의 책을 새로 내기 위해 제 작업에만 몰두하고 있어요. 보통 작업은 콘셉트 하나를 정해서 거기에 맞는 소재를 모으고 그림을 연습하면서 보내는데요. 새 책의 출간 시기는 정하지 않았지만 올해 '언리미티드 에디션'에

꼭 선보이는 게 목표예요. 사람은 마감이 정해져 있을 때 가장 힘을 내잖아요.

백 퍼센트 공감해요. 집에서 작업하다 보니 일과 휴식의 루틴이 있는지 궁금하네요.
휴식 시간을 정해두진 않아요. 잘 그려지는 날엔 온종일 작업을 하고, 잘 안되는 날에도 마음에 드는 그림이 나올 때까지 온종일 앉아 있곤 하죠. 아내가 퇴근하면 그 이후는 함께 보내는데 탁구 치러 가거나 달리기를 해요. 장모님 댁 근처에 있는 공원으로 가서 장모님과 함께 운동하기도 하고요.

배송 업무는 작업과 병행하기 위해 일주일에 한 번만 한다고 알고 있는데, 여전한가요?
맞아요. 1인 출판사니까 그림을 만드는 것도, 아내의 공방 한편에서 손수 포장해서 발송하는 것도 전부 제 몫이에요. 한때는 주문이 들어올 때마다 포장을 해보니 작업 흐름이 깨지더라고요. 작업에도 리듬이 있다고 생각하거든요. 그래서 배송 업무를 위한 날을 분리하기로 결심했어요. 무언가 하나에 집중하고 있을 때 다른 걸 못하는 편이에요.

이외에도 작업이나 일상에서 정해둔 약속 같은 게 있다면요?
습관의 측면에서 보자면, 언제나 음악을 틀어놔요. 무얼 하든 음악을 틀면 시동 거는 느낌이 들어요. 그렇다고 플레이리스트를 미리 짜둘 만큼 계획성이 철저한 편은 아니라서 마음에 드는 노래를 찾으면 계속 듣죠.

요즘은 어떤 노래에 빠져 있어요?
작년부터 영화 〈안경〉(2007)의 OST를 듣고 있어요. 정말 좋아하거든요. 그 노래들을 들으면 마음이 안정되고 영화 속 풍경이 떠오르기도 해요.

저도 그 영화 좋아해요. 기탁 씨는 대구가 고향이에요? 항상 여기서만 머물렀는지 궁금해서요.
그렇죠. 게다가 여기 달서구 용산동에선 스무 살 때부터 살았으니까 거의 20년이 다 되었네요. 예전에는 집 뒤쪽이 전부 논이라 산책하는 것도 좋아했어요. 이제는 주거촌으로 싹 바뀌어서 이전 기억과는 완전히 다른 모습이 되었죠. 대구에서는 재개발이 몇 년 사이에 동시다발적으로 일어나서 동네 풍경이 금세 달라져 버려요. 여기도 큰 차도나 고속도로가 생겨서 이전만큼 산책하기 어려워졌어요.

**편리함의 뒤편으로 알던 모습이 사라지는 게
아쉬웠겠어요. 사람마다 자신과 잘 맞는 환경이 있을
텐데요. 대구와 기탁 씨는 어떤가요?**
대구 안에서는 버스 하나 타면 대부분 목적지에 도착할
수 있거든요. 바운더리가 넓지 않기 때문에 사람들과의
시너지가 제법 일어난다고 생각해요. 가끔 서울에 갈
때마다 너무 많은 정보와 쏟아지는 인파에 힘들 때가
있는데 대구는 무엇이든 중도에 있어서 저랑 잘 맞는
느낌이 들어요. 넘치지 않는 도시라고 할까요.

**그럼 1인 창작자로서는 어때요? 흔히들 우스갯소리로
없는 것 빼곤 서울에 다 있다고 말하곤 하잖아요.**
예전에도 그렇고, 지금도 여전히 더 많은 기회가 서울에
있다고 생각해요. 하지만 팬데믹 이후로 온라인 소비가
늘었고 서울뿐 아니라 지방 곳곳에 있는 서점들이 입점처가
되어줘요. 창작자가 직접 머물지 않아도 어디서든 자신의
작업물을 소개할 수 있는 기회가 조금은 늘었어요. 아직
부족하지만요.

**타바코북스 이전의 기탁 씨부터 차근차근 들어보고
싶은데요. 전공으로 산업디자인을 선택하게 된 계기가
있어요?**
어린 나이에 선생님에게 속았다고 장난삼아 말해요.
직업 전문 학교에서 산업디자인과를 다니던 고등학교
3학년 때 만화를 그리고 싶다는 꿈이 생겼어요. 그런데
선생님께서 대학의 만화과가 곧 없어진다면서, 그러면
무지 난감할 거라며 만류하셨죠. 산업디자인과로 대학을
가고 보니 만화과는 여전히 잘 있더라고요(웃음). 공부를
하면서 디자인에 많은 흥미가 생겼고 결과적으로는 잘한
선택이었다고 생각해요. 사실 이전까지는 취향이 완벽하게
자리잡지 않았던 것 같아요. 어느 순간부터 좋아하는 것과
싫어하는 게 명확하게 나뉘면서 이전까지 좋아하던 것들이
손바닥 뒤짚듯이 달라졌어요.

**이후로 8년 가까이 회사 생활을 하셨죠. 그 시간을
거치며 자신에 대해 알게 된 점이 있을 것 같아요.**
하고 싶은 일보다는 할 수 있는 일을 찾아 대구에서
이런저런 회사들을 다녔지만 대부분 회사 운영이
어려워져서 그만두게 되었어요. 자의가 아니라 타의에
의해 마지막이 다가온다는 예감을 느끼다 보니 답답하고,
남는 게 아무것도 없는 기분이 들었죠. 그래서 마지막
회사에서 퇴사할 때쯤 나만의 것을 만들고 싶다는 생각이
강하게 들었어요. 내 것을 드러내고, 내 것을 남기고
싶다고요.

좀더 단단한 마음으로 다음을 준비할 수 있었겠어요.
그 즈음 대구 기반 동료들과 함께 프로젝트 활동
'세점들'을 시작했죠? 작업에 대한 소개를 듣고 싶어요.
새롬, 근하라는 친구들과 함께한 작업이에요. 각자
좋아하는 음악을 세 개씩 골라 듣고 아트워크로 표현한
건데요. 총 아홉 곡이니 그걸 모으는 자체로 작업물이
되고, 보는 이들에게 플레이리스트가 될 수도 있겠다고
생각해서 CD 형태처럼 만들어 팔았어요. 세 사람의 작업
느낌이 달라서 아주 재밌었죠. 기억에 남는 곡은…
모임 별의 '태평양'이라는 곡인데 그 시절에 자주 듣고, 또
들었을 때 가슴이 뛰는 걸로 골라 그렸어요. 조금 간지러운
표현인가요(웃음)? 정말 오랜 시간 그림을 그렸지만 세점들
활동을 기점으로 사람들 주목을 받게 된 것 같아요. 그 경험
덕에 그림을 직업으로 삼을 수 있겠다는 확신이 들었으니
감사하죠.

그 길로 대구의 창작자들과도 연이 쌓였겠어요.
지금 생각해 보면 퇴사와 세점들 활동 즈음, 제 주변에
큰 변화가 생겼어요. 다양한 사람과 만나 창작자 그리고
동료로서 가까워지게 되었거든요. 그들 덕에 한걸음씩
나아갈 수 있게 도움을 받는 느낌이었어요. 블로그를 통해
독특한 화풍을 가진 새롬을 만나고, 그 친구의 소개로
김광석 거리에 있는 카페 겸 갤러리 '어텀'에서 저의
첫 전시를 하게 됐죠. 또 그 인연으로 독립영화전용관
'오오극장'의 장기 프로젝트인 포스터 전시회에 저를
추천해주었고, 그곳에서 만난 근하와도 가까워졌어요.
세점들 활동이 잠잠해질 무렵엔 독립 서점인 '더폴락'의
'아마도 생산적 활동'이라는 북페어에 참여하면서
대표님들과 인연을 맺었고, 부산북페어 참여를 적극적으로
추천해 주셨죠. 제가 특별하기에 가능했다기보다, 서로의
시도를 끌어주고 밀어주는 끈끈한 관계들 덕이라고
생각해요.

낯선 길을 외롭지 않게 만드는 게 동료라는 존재 같아요.
그럼 '타바코북스'라는 이름도 그때쯤 지은 건가요?
맞아요. 사실 부산북페어를 준비하는데만 정신이 팔려서
신청서 제출을 잊고 있다가, 더폴락의 대표 인혜, 최성 님이
마지막 날 확인 차 물어봐 주셔서 제때 신청할 수 있었어요.
그때 이름과 출품할 작업물에 대한 설명을 적어야 했고,
그저 하고 싶은 이야기를 담배에 빗대어 만들겠다고
적어본 게 타바코북스의 시작이었어요. 북페어에서 선보인
《여름을 태우는 빛》(시작 페이지에 기탁은 "담배 한 대를 다
태우기 전에 끝이 나는 책"이란 소개를 써두었다.)도 담배를
태우는 무표정한 인물들의 그림을 모은 제 첫 책이에요.

그런데 혹시… 애연가이신가요?
아니요. 담배는 끊었습니다. 결혼하면서 끊겠다고 스스로
다짐했거든요. 간혹 이런 질문을 듣는데 대답하면 아주
슬퍼하시더라고요.

(웃음) 다행히 저는 슬프진 않지만 타바코북스를 볼 때마
다 궁금했어요. 하고 싶은 말을 표현할 매개체로 '담배'를
선택한 이유가 뭔가요?
음, 저부터도 마음을 바깥으로 잘 표현하지 못하는 편인데
그림을 그린다고 해서 갑자기 인물마다 풍부한 표정이나
성격을 줄 순 없었어요. 작업을 하면서 납득이 되지 않는
것을 그리고 싶지 않았고요. 그래서 첫 책을 만들 때 감정
표현에 서툰 사람들을 그려보자 생각했죠. 영화나 매체에서
담배를 피우는 장면이 나올 때면 등장 인물의 복잡한
감정이 분위기로 드러나는 것 같았거든요. 그런 지점들을
모아보니 내 감정을 그림에서 표현하기 위해선 담배라는
소재를 쓰는 게 좋겠다 싶었어요.

담배를 문 무표정한 인물 외에도 청소년, 청년 즈음의
캐릭터들이 곧잘 등장해요.
노년은 겪지 못했지만 고등학생이나 20-30대는 이미
지나온 시간이잖아요. 그래서 잘 표현할 수 있다고
생각했던 것 같아요. 그리고 열중하는 사람의 모습을
동경해요. 무언가를 처음 좋아하게 되고 그것에 빠지기
시작한 사람의 설레임같은 것들을요. 어떤 분야의 전문직도
마찬가지인데, 아직 공개하진 않았지만 나이가 지긋한
장인이나 운동선수의 모습도 그려보고 있어요. 유행에
휩쓸리지 않길 바라서 캐릭터들의 옷도 굉장히 일상적이죠.

작업물을 보다 보면 지난 어느 날을 상상하는 듯한
기분이 들어요. 설령 그 시대를 직접 경험해 보지 못한
사람들이라도요. 관찰보다는 기억과 상상에서 비롯된 그림
같았는데, 어떤가요?
그럴 수 있겠네요. 그림의 시작은 언제나 특정 상황을
상상하는 거예요. 그 안에 들어갈 요소들을 넣기 위해
관찰하는 건 다음 단계이고요. 다만 1980-90년대의
가전과 디자인, 아트워크, 음악 등을 즐기면서 자랐으니까
따라 그리듯 관찰한 건 아니어도 그 시대의 분위기가
자연스레 작품 안에 스며들었을 것 같아요. 굳이 순서를
따져보면 1번은 상상, 2번은 관찰이네요(웃음).

고양이의 등장도 빼놓을 수 없잖아요. 2021년도에
출간한 《1990 Bookstore Cats》에서는 고양이와
함께하는 일상들을 그렸고요.
대구에서 책방을 운영하는 친구들과 그들의 사랑스러운

ブルー・ライン

고양이를 90년대 분위기로 각색한 일러스트를 모아 책으로
만든 거예요. 친구들의 소중한 존재가 그림 속에서도 남길
바라면서요. '낫온리북스'의 혜진, '차방책방'의 재은과
재진, '고스트북스'의 은지와 인철, '심플책방'의 연일 님이
한편에 함께해 주었어요. 사실 캐릭터는 각 인물의 느낌만
따와서 그렸다면, 고양이는 정말로 온전히 담고 싶었어요.
인스타그램에서 사소한 일상과 추억 기록들을 둘러보는가
하면, 집에 놀러갈 수 있을 때는 털뭉치들과 함께 짧은
시간이라도 보내면서 사진으로 기록 했죠. 많은 분이
좋아해 주셨고, 제 작업 방향이 또렷해졌다고 느낀 책이라
아직까지도 애정이 가요.

작업할 때 즐겨 쓰는 도구가 있나요?
연습장에 연필이나 볼펜으로 스케치하고 컴퓨터로 옮겨서
포토숍으로 마무리해요. 작년부터는 수채화도 즐겨 쓰고,
최근엔 매직펜, 색연필 등 기본적인 도구에 간간히 마카를
사용해 보고 있어요. 디지털로 마무리하지만 최대한
아날로그 느낌을 주기 위해 질감을 살리고요. 성향이
이런 지라 컴퓨터로 그린 완벽한 직선은 선호하지 않는
편이에요. 눈에 바로 드러나지 않아도 수평선에 미세한
파도의 굴곡들이 존재하는 것처럼, 불완전함의 요소들을
그림으로 표현하고 싶어요.

또 중요하게 여기는 게 있다면요?
콘셉트를 정하고 소스들을 찾는 데 충분한 시간을 쏟고,
그게 마무리되면 콘티에 내가 원하는 요소들을 전부
넣어봐요. 그리고 하나씩 빼죠. 인위적이지 않은 것, 편안한
느낌의 모습을 찾기까지 제 판단을 계속 검증하는 과정이
이어져요. 저는 항상 감정이 넘치는 것을 경계하고 최대한
절제해서 담아내고 싶어요. 그리는 데까지 오랜 시간이
걸렸더라도 무언가를 빼지 않고 더했을 때 나중에 보면 꼭
후회가 되곤 하거든요. 내가 그린 한 장의 작업물이 세상에
남는다면 오랫동안 뭉근한 마음으로 보게 되길 바라요.
그러기 위해선 넘치면 안 돼요.

**덜어내면서 완성되는 미학이네요. 작품에는 한글보다
일본어, 영어, 숫자가 많은 편인데요. 선호하는 기호의
특징이 있지 않을까 생각했어요.**
음, 어떻게 말하면 좋을까 고민해 봤는데요. 언어를 음악에
비유하면 쉽게 설명이 되겠더라고요. 언어마다 고유의
악기라고 한다면 저마다 톤을 갖고 있을 테니, 내가
생각하는 곡을 완성할 때 필요한 악기들을 가져다 쓰는
거예요. 그래서 분위기에 맞는 언어를 사용하면서, 주제나
메시지가 곧바로 드러나기 보다 다른 언어나 기호로
한 단계를 거친 후에 보는 이에게 닿았으면 좋겠어요.

**그림을 볼 때마다 편안한 느낌을 받았는데, 그리는
사람은 여러 고민과 원칙도 껴안고 있었네요.**
제약을 많이 둔다는 게 창작자로서 바라보는 제 그림의
특징 같아요. 옛날 디자인의 아날로그적 특징과 한 번 더
연결되는 이야기인데요. 요즘에는 터치 한 번에 기술적으로
색과 요소가 들어가는 디자인이 많은데, 아날로그적
방식에는 각각의 요소들을 풀어두어도 복잡해 보이지
않는 법을 찾아나가는 매력이 있어요. 조형의 균형을
찾는 과정이죠. 그렇다고 해서 표현의 제약에 강박처럼
갇혀 있진 않아요. 얼핏 딱딱해 보이는 그림 안에서도
불규칙적이고 거친 면모를 넣어두기도 하고요.

**작품들을 우선 책으로 묶은 이후에 개별로 옮겨낸다고
알고 있어요. 작품을 각각의 단상이 아닌 하나의 주제로
모아 내는 이유가 있나요?**
아마 대부분 저를 일러스트레이터라고 말하시겠지만,
스스로는 출판사이자 하나의 브랜드라고 정의해요.
타바코북스라는 이름도 1인 출판사명이고 제가 활동하는
곳도 독립서점이니까요. 당연히 책을 만들어야 한다고
생각해요.

**책은 단상을 선보이는 것보다 훨씬 많은 시간과 노력이
필요하겠어요.**
맞아요. 책 만들 때 좀더 엄격해져요. 저는 책의 모든
페이지가 아름다워야 된다고 생각하거든요. 심지어
아무것도 쓰이지 않은 여백이라도, 여백으로 채우는
부분까지 계산하곤 해요. 책날개가 어떻게 접히는지,
페이지 하단 쪽 번호나 표지의 제호 디자인, 재단 등
끊임없이 고민해서 저의 모든 것을 담아내고 싶죠. 인쇄가
되는 모든 부분을 신경 쓰는데, 그럼에도 불구하고 안에
들어간 그림 한 장이 마음에 안 든다면 완성된 책을 볼
때마다 너무 괴로워요. 그래서 훨씬 더 어렵고 엄격해질
수밖에 없어요.

**그만큼 애착하고 집착하면서 쏟아낸다면 작업이 끝날
때마다 기운이 쏙 빠지겠어요.**
이것도 음악에 비유하고 싶은데, 똑같은 노래를 백 번
천 번 듣는 건 힘들잖아요. 그렇게 작품 하나를 오랫동안
끌어안고 지내다 보면 그림 그리는 게 버겁게 느껴질
때가 있어요. 올해로 작업한 지 7주년이 되었는데 연차가
쌓일수록 후유증이 크게 오더라고요. '한 권을 완벽하게
만들기 위해 노력했는데 내년에 또 내가 책을 만들 수
있을까? 마음에 드는 그림 하나를 싣기 위해 오랜
시간 고생하고 쥐어짰는데 아, 더 이상은 못하겠다.'
이러면서요. 소진된 만큼 애정이 차오르고 원동력이 생길

때까지 시간이 필요해요. 사람은 충분한 시간이 주어지면
앓던 마음을 까먹어 버리니까요.

**괴로움도 결국 회복될 거라는 게 자신을 위한 응원
같아요. 그러고 보니 대화 속에서 '음악'이라는 키워드가
자주 들리는데요. 사운드 클라우드에 올린 음악 작업물들을
살펴봤어요. 연주나 가창도 하시더라고요.**
(잠시 소리 없이 웃는다.) 네⋯. 음악을 굉장히 좋아해요.
옛날부터 제이팝이나 제이락, '램프Lamp', '키린지Kirinji'
같은 밴드 음악을 즐겨 들었어요. 독학으로 배워서
녹음하고 음악 작업을 해보는 것도 즐거워서 요즘도
틈틈히 아이폰 음성 메모를 켜서 곡 스케치를 하고 있어요.
몇 년 전에는 좋은 기회로 클럽 공연도 몇 번 해봤지만
결론적으로는 혼자서 뚱땅거리는 게 더 좋더라고요.
그런데⋯ 인스타그램에 음악 관련된 콘텐츠를 올리면
언팔로우가 느는 것 같아요.

**(웃음) 언젠가는 타바코북스가 아니라 음악하는 기탁 씨로
만날지도 모르겠어요.**
아이고, 노래가 주인공이 아니라 그림 작업과 곁 해서
보여드릴 수는 있을 텐데요. 공연은⋯ 아니에요. 제 음악은
집 밖을 벗어나지 않을 거예요(웃음).

**작업에 대한 이야기를 실컷 나눴는데요. 기탁 씨 일상의
큰 즐거움은 아내분인 민지 씨 아닐까 싶네요.**
맞아요. 저의 좁은 폭을 여러 방면으로 넓혀주는
사람이에요. 비유하자면 저희 두 사람의 취향과 성향이
동서양의 느낌처럼 다르거든요. 아내는 노래도 팝송
좋아하고, 좋고 싶은 걸 분명하게 말하는 사람이지만
저는 표현도 서툴고 에둘러서 말하는 편인데, 점점 아내의
특성을 흡수하고 있어요. 이전에는 아름다운지 몰랐던
것도 아내 덕에 시야가 넓어져서 그림에 영향을 주기도
했죠. 아내는 세라믹을, 저는 그림을 다루다 보니 자신의
작업물을 서로 보여주고 코멘트를 듣고 싶어 하는데 백
퍼센트 반영되진 않아요. 서로 조언을 구하는 것도 실은
자기 생각에 대한 동의를 얻고 싶은 마음 때문 같달까요.

**최근에는 탐조 활동을 시작한 민지 씨 덕분에 자연스레
새를 관찰하셨다고요.**
아내가 자연을 무척 좋아해요. 함께 있으면서 저도
이전보다 더욱 자연을 좋아하게 돼서, 일과를 마치면 같이
근처에 있는 달성습지에 가곤 하죠. 달성습지는 사람이
아닌 자연의 터전이라는 게 느껴지는 곳인데요. 요즘엔
어디서든 저 멀리 아파트 꽁무니가 보이는 경우가 많고
도시에서 눈앞에 거대한 자연이 펼쳐진 걸 보기 힘든데,

그곳에서는 가능해요. 아내가 대구에 있는 동료 창작자
친구들과 탐조 활동을 나갈 때 따라가면 새들을 열심히
관찰해요. '지익' 하면서 우는 직박구리도 있어요. 평소에는
새소리가 좋다고만 생각했다면 좀더 친근하게, 그 새의
존재에 대해 인식하게 되었죠. 얼마 전에는 직박구리를
그려보기도 했는데 더 잘 그리고 싶어요.

**이제 여름을 지나 가을을 맞이했는데, 올여름은 어떻게
보냈어요?**
너무 더웠어요. 그런데 가끔 서울에 가면 공간이나
사람의 밀도가 달라서인지 대구보다 더 덥게 느껴질 때도
있더라고요. 무더운 여름 내내 집에서 작업만 한 것 같아요.
그 와중에도 아내와 맛있는 걸 먹으면서 여름만의 즐거움을
찾으려고 노력했죠. 자주 먹는 간식이나 제철 음식이라는
게 있잖아요.

지금 떠오르는 걸 하나 소개해 주실래요?
아내랑 성주에 곧잘 놀러 가는데 가는 길에 꽈배기집이
있어요. '청춘당 꽈배기'라고 우연히 먹었다가 맛있어서
깜짝 놀랐어요. 거기가 시골이라 전화로 확인하지 않고
가면 닫혀 있을 때가 있어요. 항상 열었는지 연락해 보고
설레는 마음으로 길을 나서요. 커피 마시러 가창에도 가고,
옹심이 칼국수 먹으러 차로 20-30분 달려보기도 하고⋯.

이 도시에서 두 분답게, 오붓하게 계절을 보내셨네요.
맞아요. 이곳에서 남은 계절들도 비슷한 모습으로 보낼
거예요.

한 줄기 피어오르는 그림 너머

에디터와 인터뷰이가 마음속에 담고 있는 작업물을 두 개씩 꼽았다.
그림 너머 어떤 이야기가 폴폴 피어오를지, 가만한 걸음으로 따라간다.

1.

2.

3.

4.

1. 명주의 첫번째, 북마크 시리즈 '쯔즈쿠つづく'

일본 드라마나 애니메이션 속 회차의 마지막 장면에
등장하는 'つづく(계속)'라는 이름으로 매년 선보이는
북마크. '다음 화에 계속'이라는 의미처럼 책을 잠시
덮어두지만, 그 행위가 다시 이어질 것임을 전하고 싶어
정한 이름이다. 시리즈 1편과 2편은 크기가 서로 다른
사각형 지류들을 모아 매력적인 이미지를 선물했다면,
3편의 경우, 어떻게 하면 종이로 새로운 모습을 보여줄
수 있을까 고민했단다. 책갈피 자체가 작은 책이 되어
책장에 꽂혀 있으면 재미있겠다고 생각하며, 'Boy Meets
Girl'이라는 서브 타이틀과 간략한 스토리도 그려두었다.

2. 명주의 두 번째, 타바코북스 7주년 기념 엽서

엽서 속 등장한 고양이는 '에드'. 서점 낫온리북스의
운영자이자 사진작가인 친구 혜진의 고양이다. 가끔
통화를 할 때면 옆에서 야옹야옹하며 기탁과 친구들의
대화에 귀를 기울였단다. 타바코북스의 시작일은 8월
8일이다. 이날은 세계 고양이의 날이기도 한데, 올해는
에드의 모습을 엽서에 넣고 싶어 물어보니 아주 우렁차게
야옹야옹했다는 후문. 기념일을 미리 준비할 새도 없이
바쁘게 시간이 흘러가지만, 해마다 고양이가 등장하는
엽서를 만들어 볼까 고민 중이라고. 내년에는 또 어떤
고양이 친구가 타바코북스의 생일에 축하를 보낼까?

3. 기탁의 첫 번째, 'Crazy Summer'

기탁은 새롬, 근하와 함께 '세점들'이라는 이름으로
2015년부터 CD를 콘셉트로 삼은 일러스트를 선보였다.
다음 해에는 바이닐을 콘셉트로 한 포스터를 만들며
이어졌는데, 그중에서도 'Crazy Summer'는 단순한
포스터 이상으로 완전판의 의미를 갖는 작업이다. 실제
음반처럼 느끼도록 겉 커버와 북클릿까지 꼼꼼하고
세심하게 매만졌다. 작업을 직접 본다면 바이닐에 쓰이는
비닐을 똑같이 씌워둔 점, 가상으로 트랙 제목들을 써둔
점도 특별하게 보일 것. 그림 속 모든 요소가 아름답게
보이도록 노력했기에 오랫동안 애정이 가는 작품으로
꼽는다고.

4. 기탁의 두번째, 《1990 Bookstore Cats》

책방을 운영하면서 고양이와 함께 지내는 친구들의 공간을
타바코북스만의 분위기로 각색해서 만든 책으로, 많은
사랑까지 받아 인상 깊은 작업으로 《1990 Bookstore
Cats》를 빼놓을 수 없다. 모든 과정에 기탁의 애정이
담겼는데, 특히 '털뭉치 친구들'을 온 마음을 다해 그리고자
했다고. 마치 90년대를 엿본 듯한 장면들은 적절한 소품
등장을 위해 자료 조사에 공들인 덕에 완성되었다. 그동안
책을 만들어 오면서 체득한 표현들이 다듬어져서, 마침내
타바코북스만의 그림을 가장 잘 설명해 주는 책이라
생각한다고. 2022년에 절판되었지만 올해 초겨울쯤 다시
만나볼 수 있다고 하니 다가오는 계절이 기다려진다.

열린 결말의 사진책

에디터 차의진
포토그래퍼 강현욱

마르시안스토리는 2005년 시작된 대구의 1인 사진책 출판사다. 이곳을 이끄는
설립자이자 사진작가인 서민규 대표를 알게 된 건 그의 사진 덕분. 차갑고 황량한
자연의 한 장면이 시선을 강하게 붙들었다. 의도도 의미도 모호한 조각이 어떻게 나를
작품 속 그곳으로 단숨에 데려다 놓는 걸까. 서 대표를 만나고 싶었다. 그는 대구 남구
대명동의 아름다운 작업실에서 가족, 고양이들과 함께 지내며 책을 만든다고 했다.

해석을 맡겨두는 마음

서민규 대표는 주로 자연 속 인간의 작은 개입이 보이는 장면을 포착한다. 숲속에 떨어진 페트병이나, 흙길에 찍힌 바퀴 자국 같은 것들. 일상에서 마주칠 수 있지만 낯선 감상을 불러일으키는 초현실적인 모습이다. 그는 작품의 특징으로 모호함을 꼽는다.

> "사진 찍을 때 어떤 공간이든 해석하려고 하지 않아요. 그 풍경을 보고 제 속에 그려지는 마음을 찍는 거예요. 사람들도 사진을 감상하면서 각자에게 떠오른 이면을 보길 바라요. 그래서 모호하죠. 답을 주기보다 궁금증을, 해석의 여지를 남기는 거예요.

그는 사진책도 철저한 모호함으로 감상자의 해석을 이끌어내야 한다는 신념을 갖고 작업한다. 저마다의 상상을 불러일으키는 책. 이것이 가능하려면 사진책을 만드는 기획, 인쇄, 제작 세 과정이 균형을 이뤄야 한다고. 과도하게 뚜렷한 기획이 사진을 압도해 버리거나, 작품이 본래 느낌을 넘어 지나친 품질로 인쇄되어서도 안 된다. 그렇게 공개한 출판물은 90여 권. 그의 사진이 실린 《도쿄 – 나리타, 2004. 2》, 《Le Box / The Doors》부터 사진작가들과 협업한 《Till we have faces》(공지수), 《동부창고》(이재복)까지 다양한 사진책을 선보였다. 마르시안스토리의 작품들은 프랑스 유명 아트북 서점 이봉랑베르, 델피르, 7L 등에서 좋은 반응을 얻어내기도 했다. 먼 나라의 감상자들도 상상을 불러일으키는 장면에 빨려들었을 것이다. 기획자는 그림자가 되어 온전히 독자가 읽어내야 하는 책. 책상 위 가득 펼쳐보고 나만의 이야기를 덧붙이고 싶어졌다.

사진책 개척하기

서 대표는 대학 시절 공업디자인을 전공하며 1990년대
화려함의 정점을 찍었던 LP, 로드무비, 필름 사진에 흠뻑
빠져 있었다. 우연히 접한 미국의 사진책은 문화예술을
탐닉하는 마음에 기름을 부었다. 그의 마음을 뛰게 했던
책은 일본 출신 미술평론가 고쿠보 아키라小久保彰의
《현대 사진의 이해》,《현대 사진의 전개》그리고《뉴욕
아트 스케치》. 미국 현대 사진 세계와 사진가들의 관계를
탐구한 책이었다. 그는 미국 사진계를 동양인의 시선으로
바라본 작가와 자신을 동일시하며 뜨거운 열정이 가득한
예술가들의 세계를 동경했다.

출판을 마음먹은 건 사진 전시의 한계를 느끼면서부터다.
당시 전시는 사진을 발표하는 전통적인 방식이었다.
서 대표는 전시가 한정된 공간과 시간 동안 일부
대중에게만 다가갈 수 있다는 단점이 있고, 작가가 발표를
꾸준히 지속하기 어려운 형태라고 봤다. 작가의 작품
세계를 내밀하게 보여줄 최적의 방법은 사진책이라 여겼다.
알고 지내던 작가들과 함께 한두 권씩 펴내다 보니 벌써
20년이 흘렀다. 먼저 마르시안스토리를 문 두드리는
작가도 여럿이라고. 서 대표가 작가에게 먼저 출간을
제의한 경우는 없었다.
그랬던 그의 작업 방식을 깬 사람은 우리나라 1세대 사진가
무허舞虛 정해창 선생이다. 개인 사진전이 전무하던 1929년
'예술사진 개인전람회'를 열었으며, 평생 '조선적인 것'을
추구했다. 그가 유리건판(흑백 필름의 원형으로, 빛에 노출되면
변화를 일으키는 액체를 유리면에 발라 만든다.)으로 찍은 조선의
일상은 먹으로 그린 한 폭의 풍속화처럼 보인다. 그의
작품을 사진책으로 내는 일은 서 대표의 오랜 꿈이었기에
정 선생의 시선을 모은 작품집을 기획했다. 하지만 선생의
사진을 표현하기에 우리나라 인쇄 기술은 한계가 있었다.
고민 끝에 예술 서적 및 분판 전문 출판사인 '유화컴퍼니'의
유화 대표와 손을 잡고 출판사 '뮤뮤MUMU'를 설립했다.
국내에서도 한 발 더 나아간 분판 인쇄를 시도하기
위해서였다. 분판이란 이미지를 색상별로 분리한 뒤 인쇄해
원본의 색감과 깊이를 최대한 재현해 내는 기술이다.
사진의 깊이를 한층 깊은 차원으로 구현할 수 있어 역시
다르다는 인상을 자아낸다.
서 대표는 뮤뮤의 활동과 사진 작업에 박차를 가하고자
제주로 떠날 계획이다. 그간 작품 활동을 위해 제주와
대구를 오가며 지냈지만, 이제는 거처를 옮긴다고. 대구
작업실은 그대로 마르시안스토리에 두고 제주에서 다양한
창작자들과 교류하며 작품 세계를 확장하려 한다. 대구에서
심긴 소망이 자라도록 가꾸고 매만진 이는 이제 더 많은
열매를 맺으러 고향을 떠난다. 그리운 곳으로 남을 대구를
뒤로하고 나아간 새로운 터전에서, 서 대표는 꿈을 꾸고
또 꿀 것이다.

《Park, Myungrae / Photographs》
박명래 | 마르시안스토리

얼음과 바위, 갯벌을 흑백 필름으로 포착한 박명래 작가의 사진집. 마르시안스토리와 유화컴퍼니가 출판사 뮤뮤 설립
전 처음으로 힘을 합쳐 제작했다. 박명래 작가는 자연물의 결과 깊이를 세밀하게 포착할 수 있는 대형 필름을 사용한다.
서민규 대표는 작품의 디테일을 그대로 살리는 사진집을 만들고 싶었지만, 그가 가진 분판 기술로는 한계가 있었다고.
그러나 유화컴퍼니가 함께하면서 탁하게 인쇄될 수밖에 없는 흑백 필름이 맑게 표현됐고 작가의 시선이 고스란히
인쇄물에 담겼다.

《Jung Haechang_Landscape / Still Life》
정해창 | 뮤뮤

마르시안스토리의 서 대표, 유화컴퍼니의 유화 대표가 함께 시작한 사진책 출판사 뮤뮤의 첫 사진집이다. 사진예술가
정해창 선생의 100년 전 사진을 되살려 한 권에 담았다. 기획, 편집, 재촬영, 복원, 제작까지 각 분야 전문가가 모여
2년 동안 제작했다. 정 선생의 후손에게 직접 전달받은 자료를 받아 사진을 엮은 것으로, 1934년경 정 선생이 제작한
화첩에서 사진을 발굴, 복원했다. 그는 자연과 삶의 모습이 어우러진 장면을 수집했다. 사진에서 느껴지는 기개에서
작가의 개척 정신과 우직함이 드러난다.

《인수인계引受引繼》
이재복 | 마르시안스토리

이재복 작가는 사진책《동부창고》에서 청주시의 도시재생 사업으로 사라질 청주 동부창고(옛 연초제조창의 담배 창고)를 포착했다.《인수인계引受引繼》는 동부창고를 주제로 한 두 번째 사진집이다. 한적한 새벽, 흑백 사진으로 건물을 담는 작업은 2015년부터 2020년까지 5년간 진행됐다. 글이 거의 없어 지루하지 않게, 이야기를 사진으로만 전달하는 데 중점을 두었다고. 종이와 사진, 글자 사이의 조형미에도 심혈을 기울였다. 흑백 인쇄의 느낌을 살리기 위해 비도공지(코팅 처리를 하지 않은 종이)에 흑백 잉크 다섯 가지 색을 사용했으며,《동부창고》를 다룬 첫 번째 사진책에는 장소의 특징을 표현하고자 향도 입혔다.

《LITMUS STORY Issue. 04》
서민규 외 | 마르시안스토리

마르시안스토리가 발행하는 사진 잡지. 서 대표와 교류하는 사진작가들의 아날로그 작품과 에세이를 소개하는 비정기 간행물이다. 2022년 발간된 네 번째 호는 박상용, 박재현, 서민규, 알란 에글링턴의 사진을 담았다. 발간에 맞춰 전시도 병행한다. 아날로그 필름의 깊이를 보여주기 위함이라고. 작가들의 개성이 돋보이는 잡지. 다음 호는 어떤 장면으로 채워질까 도시를 걷는다. 넓은 평야, 큰 마을이라는 뜻으로 달구벌이라 불렸던 도시다.
오래된 것과 새 것의 어깨가 바짝 붙어있는 이 큰 땅 위에는 아름다움을 품은 공간이
많다. 정해진 곳 없이 걸음을 나서며 도시 위에 놓인 공간의 아름다움을 줍는다.

정처 없는 아름다움

에디터 이명주
포토그래퍼 박은비

안팎을 넘나드는 공간

공간독립

A. 대구시 중구 공평로 8길 14-7 H. Spacedokrip.com O. 수~일 13:00-19:00, 월·화요일 휴무

대구의 구도심을 걷다 보면 시간이 왜곡되는 것만 같은 기분이 든다. 세월이 덕지덕지 묻은 적산가옥 옆에는 형광색 영문 시트지를 붙여둔 카페가 있고, 좁은 골목 사이로 한옥을 보다가도 등 뒤에 서 있는 고층 아파트를 보느라 고개가 아파오기도 하니까. 스스로 대안 미술 공간이라 칭하는 '공간독립'을 만난 것은 구도심의 한복판, 삼덕동에서였다. 골조가 나이테처럼 선명한 건물은 본래 독립운동가 신재모 선생이 살던 집이다. 세대를 넘어 그의 후손들이 살던 집은 빠르게 흐르는 시간 탓에 잠시 텅 빈 채로 온기를 기다렸는데, 증손자이자 예술을 전공한 디렉터 신명준 씨에 의해 공간독립이라는 새로운 이름표를 갖게 되었다고. 미술 공간으로 불리기 전에 맨 앞에 '대안'을 붙여둔 이유는 상업 갤러리나 미술관과는 다른 차별성을 보여주기 위함이다. 상업적이지 않아도, 실험적인 시도를 기반한 예술이라면 누구나 고유한 아름다움을 이곳에 풀어둔다. 한 달을 주기로 바뀌는 전시는 장르나 형식을 제한하지 않기에, 달마다 새로운 공간독립의 자태를 감상할 수 있다. 방문 당시 진행된 전시는 홍희령 작가의 〈On The Border〉로, 사람 사이에서 느껴지는 불안감과 경계심을 붉거나 흰 커튼이 끊임없이 움직이는 것으로 표현했는데, 천 너머로 얼핏 보이는 정원의 자태가 유려했다. 삐걱거리며 목소리를 내는 문을 열고 들어와 사람의 뼈와 근육처럼 촘촘하게 얽힌 목조 천장과 한데 어우러진 전시를 감상하다가, 마침내 작은 정원을 마주해 보자. 안팎으로 예술이 넘실거린다.

공간독립의 추천 전시

신명준·이재균 '충돌하는 이미지'
대구에서 설치미술로 활동하는 신명준 작가와 부산에서 사진을 선보이는 이재균 작가가 한 공간에서 만났다. '이미지'라는 키워드를 각자만의 언어로 해석 혹은 확장하기 위한 과정을 그리며 소재를 조합하거나 해체하며 나아가 병치시키는 방식으로 전시를 그려낸다.

O. '충돌하는 이미지' 2024. 9. 25.—10. 13.

새 마음을 안는 공간

북셀러

그런 날이 있다. 무수한 예술 작품보다 누군가가 무심하게 휘갈겨 쓴 한 문장이 와닿는 날. 내 마음을 표현하는 법을 잃어버린 것 같아 애가 타는데 별생각 없이 꺼내든 책에서 잃어버린 마음을 찾은 날. 글과 문장, 때로는 그림까지 더해져 완성된 책 한 권은 적재적소에 더할 나위 없이 아름다운 순간을 선사한다. 대봉동에 자리한 '북셀러'를 마주했을 때도 같은 기분을 느꼈다. 문학의 좋은 재료가 되고 싶다는 마음으로 글을 쓰는 작가 호재 씨의 일상 터전인 이곳은 시나 소설, 에세이 같은 문학 서적과 시간이 지날수록 가치가 재조명되는 책들을 한껏 모아둔 곳이다. 전부 이름 모를 이들로부터 여기까지 당도한 헌책이다. 곁에는 직접 나무를 가다듬어 만든 테이블과 낡은 사전에 구멍을 뚫어 달아둔 전등이 그림 같은 풍경 속 한 부분을 차지한다. 호재 씨에게는 새로 만든 책만이 아니라 새롭게 접하는 책도 '새 책'이다. 정해진 과녁을 향해 나아가는 화살처럼 새 책을 골라 빠져나오는 다른 서점들과 달리, 헌책방에서는 예기치 못한 만남과 그 만남을 기다리는 설렘이 천연하다. 그렇기에 아무리 오래된 책을 품에 안더라도 새 마음으로 길을 나설 수 있다. 책 읽는 일은 무척 외로웠지만 책 파는 일은 마음을 풍요롭게 만든다는 호재 씨는 오는 이들을 위해 가벼운 가격으로 드립 커피와 차를 내린다. 평일 오후 시간에는 그의 딸 그림이도 어린이집에서 하원해 북셀러 한편을 함께 지킨다고. 책을 둘러싼 채, 자연스러운 모습으로 머물 수 있는 이곳에서 문학을 타고 흐르는 일련의 아름다움을 목격한다.

북셀러의 추천 코너

코너 '그리고 아무 말도 하지 않았다'

호재 씨는 종종 유령이 된 작가들을 이곳에 불러와 북토크를 여는 상상을 한단다. 그 상상을 실현해 보고 싶어 이미 세상을 떠난 작가를 선정해 그 한 사람만의 저서를 조명하는 자리를 마련해 두었다. 첫 번째 작가는 솔직하고도 세심하게 마음을 훑는 표현을 쓰는 소설가 마르그리트 뒤라스.

A. 대구 중구 달구벌대로446길 8-3 H. Instagram.com/bookseller_hojae O. 평일 13:00-18:00, 주말 12:00-18:00, 월요일 휴무

시간의 예술을 잇는 공간

대구간송미술관

예술을 사랑하는 한 사람의 일생이 대구에 머물러 있다. 그는 '간송澗松'이라 불리던 자다. 1906년 조선의 유복한 가정에서 태어난 간송 전형필은 예술을 만끽할 줄 아는 사람이었기에 서화와 골동품 수집에 관심을 가졌다. 와세다대학교를 졸업한 후에는 물려받은 막대한 재산으로 문화유산을 수집하기 시작했는데, 아름다운 우리의 멋과 혼을 일본에게 빼앗길 수 없다고 생각했기 때문이다. 가장 어려운 시기에 한국의 예술을 지키고자 했던 그의 마음은 현재로 이어져, 자연과 조화로운 미술관으로 다시 태어났다. 이곳이 자리한 대구대공원의 경사와 지형이 안동 '도산서원'과 비슷하기에, 전통 건축 요소인 계단식 기단과 터의 분절을 대구간송미술관에도 옮겨 두었다고. 입구에 들어서기도 전에 높게 뻗은 아름드리 나무 기둥들이 인상적인데, 그 외에도 대구 도심이 훤히 내려다보이는 박석마당이나 수공간 등 미술관의 안팎이 자연과 나란한 자세로 놓여 있어 편안함을 느낄 수 있다. 한국적이며 자연의 일부가 되는 공간에서 잠시 휴식을 취하기도 좋다. 전시실 규모가 크고 소장품도 우리가 책이나 일상에서 익히 듣고 알던 것들이라 대단하지만, 손상된 지류와 회화 작품의 수리 복원 공정을 실제로 보여주는 점이 특히 인상적이다. 단지 소유하기 위한 예술이 아닌, 시간의 제약을 넘어 존재하기 위한 예술의 의미를 느낀다.

대구간송미술관의 추천 작품
화가 신윤복의 '미인도'

> "화가의 가슴속에 만 가지 봄기운이 일어나니, 붓끝은 능히 만물의 초상화를 그려내 준다."
>
> —혜원

조선시대의 화가 신윤복은 여성의 얼굴, 몸을 묘사하는 인물화에 뛰어나 오래도록 사랑받는 작품이 많다. 그중에서도 '미인도'는 우아한 여성의 모습과 함께 곁들인 제화시와 인장의 시구까지 풍월을 닮았다. 제2전시실에 단독으로 놓여 있어, 수백 년이 흘러도 여전한 아름다움을 오롯이 감상할 수 있다.

O. '여세동보(與世同寶) — 세상 함께 보배 삼아' 2024. 9. 3.—12. 1.

A. 대구시 수성구 미술관로 70 H. Kansong.org/daegu
O. 동절기(11-3월) 화-일 10:00-18:00, 하절기(4-10월) 화-일 10:00-19:00, 월요일·공휴일 휴무

Culture

사람과 자연이 만드는 풍경

Step by Step, ILKW.
대구에서 지구로, 형형히 빛나는

권순만—일광전구 크리에이티브 디렉터

에디터 이주연(산책방)
포토그래퍼 강현욱

백열전구를 퇴출하겠다는 정부의 선언에 하나둘 불이 꺼지던 전구
회사들. 그 사이에서도 묵묵히 불을 밝히고 활로를 찾아나간 우리나라
마지막 전구 회사가 있다. 이름하여 '일광전구'. 1962년부터 대구에 자리
잡고 긴긴 세월 전구에 손길을 보태온 일광전구는 어느덧 조명 브랜드로
발돋움하여 지구 곳곳을 밝히기 위해 천천히 걸어간다. "조명 할 때가
아니다. 지금 그거 하면 큰일 난다."던 수장을 설득한 크리에이티브
디렉터 권순만의 머릿속엔 어떤 빛이 번득이고 있었을까. '팟!' 하고 켜진
그의 아이디어를 따라나서니 애정과 호기심이 깃든 이야기가 한가득하다.

일광전구는 1962년에 시작한 전구 회사예요.
전문적인 조명 브랜드로서의 걸음은 이제 3년 차지만,
그간 전구만 고집해 왔다는 브랜드 히스토리가
빛에 대한 전문성을 보여준다고 생각해요.

1962년 대구에서부터

일광전구와 《AROUND》는 인연이 참 깊어요. 전구 회사일 때 한 차례 연을 맺었고, 지난 《AROUND》 10주년 행사 때는 조명으로 사옥을 밝혀주기도 했죠. 제가 일광전구에 합류한 지 얼마 되지 않아 만난 걸로 기억하는데, 새로운 이야기로 다시 만나게 되어 기쁘네요. 책이 조금 바뀐 것 같은데요?

맞아요, 《AROUND》도 차근차근 리뉴얼해 왔거든요. 이전에 비해 판형도 좀 작아졌죠?
그러네요. 그 당시 "일광전구는 1962년 설립된 대한민국 마지막 전구 회사입니다."라고 소개했는데 지금은 조명 브랜드라고도 인사드릴 수 있게 됐어요. 일광전구는 오랜 시간 쭉 대구에서 백열전구를 생산하면서 B2B 활동을 전개해 왔어요. 지금도 여전히 대구에 뿌리를 두고 있지만 점차 서울을 비롯해 전국으로 활동을 넓혀 나가고 있죠. 여전히 본사와 공장, 많은 직원이 대구에 있는데요. 서울에 공식 쇼룸도 생기고 마케팅팀, 개발팀도 자리잡은 덕분에 저도 이렇게 서울에서 디자인과 브랜딩 작업에 집중할 수 있게 됐어요.

디렉터님이 일광전구에 합류하신 지 근 10년쯤 되셨죠?
올해 딱 10년 차가 됐어요.

디자인 스튜디오 064ᶻᵉʳᵒˢⁱˣᶠᵒᵘʳ 대표이자 일광전구 크리에이티브 디렉터로 활동하고 계신데요. 독자들에게 직접 소개해 주실래요?
일광전구로 대화 나눌 때는 크리에이티브 디렉터로 소개하곤 하는데, 엄연히 말하자면 저는 온전히 일광전구 소속이라기보단 외부에서 활동하는 크리에이티브 디렉터예요. 일광전구는 2014년부터 제가 운영하고 있는 디자인 스튜디오 064(zerosixfour.com)의 클라이언트로 만나서 지금까지 연을 이어오고 있어요. 첫 업무는

일광전구 '클래식 시리즈'의 패키지 디자인이었죠. 10여 년 전, 전구가 LED로 교체되면서 정부가 기존에 있던 백열전구 중 가장 대중적이고 상징성이 크던 A60 전구를 단종시키겠다는 정책을 발표했어요. 그 때문에 공산품 정도로 취급되던 전구에도 혁신이랄 게 필요해졌고, 장식용 조명이 하나둘 나오기 시작했는데요. 그 과정에서 가장 중요한 제품 중 하나가 일광전구 클래식 시리즈예요. 일광전구가 장식용 조명으로 첫발을 뗀 시리즈이기도 한데, 그 패키지 디자인 업무를 064에 맡겨주신 거죠. 제안받았을 땐 가벼운 업무라고 생각했어요. 근데 작업하다 보니 일광전구를 통해 해보고 싶은 것들이 하나둘 생기더라고요. 리브랜딩 하면서 '크리에이티브 디렉터'라는 이름을 직접 제안하고, 그에 맞는 역할을 해나가게 됐어요. 지금은 일광전구 브랜딩과 디자인에 많은 부분을 결정하면서 주도적으로 작업해 나가고 있어요.

시작해 크리에이티브 디렉터에 오기까지 어떤 일들이 있었나요?
처음부터 일광전구에 큰 감흥을 느낀 건 아니었어요. 연을 맺고 클라이언트 스터디를 해나가면서 매력적인 회사라는 걸 알게 됐죠. 디자이너로서 꼭 해보고 싶은 디자인 중 하나가 조명이었는데, 신뢰 관계를 쌓아가다 보면 조명 디자인도 해볼 수 있지 않을까 싶은 마음도 들었고요.

디렉터님은 이미 계획이 있으셨군요(웃음).
(웃음) 대표님이 기억하실지 모르겠는데, 저는 협업을 시작할 때부터 전구에도 디자인이 필요하다는 이야기를 해왔어요. 조명 브랜드에 관해서도 어필하곤 했죠. 그 당시 대표님은 "내 일이 아니다."라는 반응이셨는데요. 그도 그럴 것이, 일광전구는 줄곧 공산품을 다뤄오면서 디자인

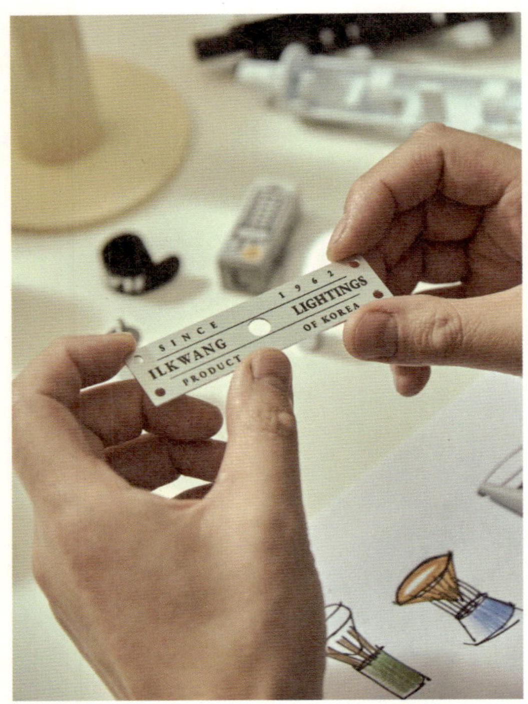

제품을 개발하기보다는 빛을 켜는 필수품으로서의 전구, 즉 기능적 용도로만 개발해 왔거든요. 보통 양계장이나 시장에서 사용하던 저가의 전구였죠. 반면, 제가 하고 싶은 건 디자인이 가미된 조명이다 보니 일광전구의 영역이 아니라고 생각하신 것 같아요. 그런데도 공들여서 계속 설득해 보고 싶었어요.

이유가 있었나요?

디자이너한테는 동기부여가 중요해요. 일광전구와 협업을 시작할 땐 저도 064로 막 홀로서기에 나선 시즌이었기 때문에 이렇다 하게 주목받은 작업이 없었어요. 일광전구를 조금 더 제대로 된 브랜드로 만들고 싶다는 마음이 컸고, 결과가 좋으면 064도 이름을 알릴 수 있겠다는 생각이 맞물리면서 일광전구 작업을 더 열심히 해보고 싶어졌죠. 그러면서 조명 브랜드로서 일광전구를 세워보고 싶다는 마음이 더욱 커졌고요. 계속 리브랜딩을 해보고 싶다고 생각한 이유는 브랜드 스토리가 매력적이었기 때문이에요. 1962년부터 지금까지, 이렇게 긴 시간 한 우물만 파는 건 쉽지 않은 일이잖아요. 제가 합류할 때만 해도 한국에서 전구 부품 만드는 데가 더는 없던 시기였어요. 중국이나 동남아시아에서 부품을 수입하고 한국에서 조립해 내보내는 구조였는데, 일광전구는 우리나라에서 유리, 필라멘트 등 부속품을 직접 만들 때부터 존재해 온 회사인 거예요. 시대가 변해도 계속해서 이 업계에 남아 있다는

사실이 근사하다는 생각이 들어서 잘 드리블하면 더 좋은 회사가 될 거란 기대가 있었어요.

"내 일이 아니다."라던 대표님을 어떻게 설득했나요?

물론 쉬운 일은 아니었어요. 협업을 시작하고 어느 정도 시간이 흐른 뒤에야 가능해졌죠. 이러저러한 활동으로 국제 어워드도 받고 브랜드 이미지도 좋아지면서 매출이 오르는 게 눈에 보였고, 잘되고 있다고 생각했어요. 카피 제품도 생기기 시작했거든요. 그런데 산업이 빠르게 LED로 넘어가던 시기다 보니 성능이나 금액면에서 백열전구와 LED의 차이가 눈에 띄게 보이더라고요. 백열전구가 아무리 이점을 가지고 있어도 수명에서 차이가 나니까 전구의 좋은 점만 내세우기가 애매해졌어요. 물론 감성적인 측면을 이야기하자면 백열전구 쪽이 훨씬 우세하지만 소비자에게 이런 면만 강조할 순 없거든요. 그러다 보니 매출이 떨어지는 게 보이기 시작했고 회사에도 위기가 찾아왔어요. 이를 돌파하기 위해선 고부가가치 제품을 개발해야 했죠. 그때 조명을 본격적으로 제안한 건데, 대표님이 "지금 그걸 할 때가 아니다. 지금 그거 하면 큰일 난다."고 하셨거든요. 근데 제가 좀… 우기기도 했어요(웃음). 무조건 해야 한다고 강력하게 말한 끝에 어렵게, 어렵게 승낙을 받았는데 조명에 투자할 만한 비용이 넉넉하지 않으니 일단 하나만 해보자고 하시더라고요. 그런데 저는 하나만 진행해서는 사람들을 설득할 수 없겠다고 생각했어요. 대중에게 보여주려면 제품군이 필요하다고 생각해서 여러 노력 끝에 다섯 제품을 개발해 출발하게 됐죠.

설득의 기술도 필요하겠지만 신뢰를 쌓는 게 중요했을 텐데요. 조명 브랜드로 발돋움하기 전에 진행한 일광전구 리브랜딩을 통해 믿음을 쌓아간 게 아닐까 싶어요.

리브랜딩을 통해 다양한 활동을 해나갔는데, 처음에 집중한 건 SNS였어요. 지금은 인스타그램이 메인이지만 그땐 페이스북 이용자가 가장 많던 시기여서 페이스북 계정을 열고 일광전구 스토리를 알리기 시작했죠. '백열전구가 퇴출당한다.'는 소식과 맞물렸을 때라 사람들 반응이 남달랐어요. 전구라는 게 상징성이 세서인지 오브제 자체에 애정을 느낀 것 같아요. 일광전구는 유명한 브랜드는 아니었지만 '마지막 전구 회사'라는 데 의미를 두는 분위기였어요. 마지막 남은 회사까지 없어진다니까 관심을 가져주신 거죠. 그 덕에 별도의 마케팅 비용을 들이지 않았는데도 자연스럽게 바이럴이 돌았어요. 저희 제품으로 전시하고 싶다는 의뢰도 적지 않았죠. 최근에 그때 얼마나 컬래버레이션을 했나 살펴볼 일이 있었는데, 백여 개 이상이더라고요.

와, 어마어마하네요. 처음엔 인력이 충분하지 않았을 것 같은데요.

맞아요. 그래도 일광전구 대표이사님이 디자인에 관심이 많으셔서 시너지를 얻을 수 있었어요. 첫 작업인 클래식 시리즈 패키지 작업을 어워드에 출품한 적이 있는데요. 그 경험 덕도 컸어요. 대표이사님이 어워드 이야기를 들어보시더니 전구나 전기 제품 패키지로 수상한 적은 없는 것 같다고, 비용을 지원해 줄 테니 해보자고 하셔서 2019년에는 일본산업디자인진흥회에서 주최하는 '굿 디자인 어워드Good Design Award'에 지원하고 수상까지 하게 됐거든요. 그때 제가 한다고 맘먹으면 해내는 사람인 걸 입증한 것 같아 기뻤어요. 그 덕에 조명 브랜드로도 시야를 넓힐 수 있었어요. 백열전구가 퇴출당한다고 하던 때라 뭐라도 해야 하던 시기였는데 제가 계속 강조해 온 디자인 쪽에서 반응이 오니까 조명 브랜드도 한번 해보자는 마음이 드신 거예요. 그렇게 〈서울리빙디자인페어〉에도 나가게 됐죠. 사실 페어에 나가는 게 엄청 대단한 일은 아닌데, 대구에서만 50여 년 끌어오던 일광전구에겐 새로운 도전일 수밖에 없었어요.

리빙 관련 편집숍 등에 입점하는 방향도 있었을 텐데, 특정 시기에 진행해야 하는 페어를 선택한 이유가 있었나요?

일광전구에는 1년 주기의 사이클이 없었어요. 회사가 안정적으로 운영되려면 연초에 계획을 세우고 연말엔 점검하고 평가하는 과정을 거치면서 다음 연도 계획 수립에 들어가야 하는데요. 그 과정이 없으니 정체된 분위기였어요. 언제 주문이 들어올지 모르니 전구를 생산해서 재고를 마련해 두고 의뢰가 들어오면 필요한 수량만큼 전구를 보내주는 수동적인 흐름이었어요. 저는 그걸 능동적으로 바꾸고 싶었고요. '올해 몇 월에는 이 제품을 발매하고, 몇 월에는 다음 제품 발매를 준비한다.' 식으로 정리가 되길 바란 거죠. 그래서 페어를 마감 기한으로 두고 언제까지는 기획이 되어야 하고, 언제까지는 준비가 완료되어 언제부터는 제작에 들어가야 한다는 스케줄을 세웠어요. 사실 본사 분들을 고생시키는 일이었죠(웃음). 페어에 나가기로 결정하고서는 전구만 가지고 갈 순 없으니 조명을 같이 하자고 설득해서 조명 다섯 개를 제작해서 들고 나가게 된 거예요.

한 단계, 한 단계 점진적으로

여러 노력 끝에 처음 만들게 된 조명 제품 소재가 독특해요. 건축 재료였다고요.
전구가 인테리어를 구성하는 하나의 부품이고 가장 친숙한 소재라고 생각했어요. 또 다른 이유는 생산 조건 때문이었죠. 생산은 물론이고 디자인을 설계 파일로 변환하고 제작에 들어가는 모든 과정에서 대구 쪽 지원을 받을 수 있는 상태가 아니었어요. 조명도 대구 공장에서 만든 건 아니었죠. 조명으로서의 도전은 처음이었으니 대구에 공장이 있다고 해도 노하우가 있는 건 아니었거든요. 그래서 조립만 하는 정도로 함께하게 됐는데 페어까지 시간이 얼마 안 남았다 보니 조급해지더라고요. 넉넉한 인력이 아니니까 저 혼자 하루에 지방을 서너 군데 오가면서 미팅해야 했거든요. 그래서 가장 단순한 타입으로 디자인하자고 생각하게 됐죠. 지금이야 조명 하나를 만들 때 엄청 많은 구성품이 들어가지만, 그때는 부품이 많아질수록 저 혼자 관리해야 할 업체가 많아지니까 최대한 단순한 조합을 고려했어요. 그렇게 건축에서 많이 쓰는 콘크리트, 철근, 스틸 파이프, 대리석을 사용해서 가장 단순한 형태로 만들게 됐죠. 또한, 전구 회사라는 오리지널리티를 고려해 전구가 외부에 노출되는 타입으로 개발하게 됐고요. 지금 보면 아쉬운 점이 많은데 당시에는 사람들한테 반응이 왔어요.

순조로운 출발이었군요.
겉으로 보기엔 그렇지만 실상 준비부터 고생이 많았죠. 〈서울리빙디자인페어〉의 메인 무대인 A홀에 부스를 얻고 싶었는데 페어 특성상 큰 업체만 들어가는 곳이어서 첫 도전하는 작은 조명 브랜드로는 가능성이 없는 상황이었어요. 그래서 가구 사업하는 친구한테 컬래버레이션을 제안했죠. 그 덕에 좋은 반응도 얻을 수 있었다고 생각해요.

전략을 짜서 접근하신 거네요.
어떤 작업을 하든 전략은 중요해요. 그땐 예산이 제대로 할당돼 있는 상황이 아니었어요. 최소 예산으로 최대 효과를 발휘해야 하니까 항상 방법을 고민해야만 했죠. 치밀한 조사와 전략이 무엇보다 중요하던 시기였어요.

어떤 면에선 위험 부담이 있는 도전이었겠어요.
사실 일광전구와 이렇게 오래 함께하게 될지 몰랐어요. 초반엔 매출이 거의 없었거든요. 패키지 디자인으로 50만 원 받고 시작한 일이었는데, 사실 학창 시절에 디자인

아르바이트할 때도 이거보단 더 벌었어요(웃음). 근데 디자인 스튜디오 064도 초창기 때다 보니 돈보다도 064가 오래갈 수 있는 일을 택했고, 일광전구와의 협업은 나름의 투자였다고 생각해요. 사실 어느 순간 상황이 좋아지리란 기대도 컸는데요. 생각처럼 수익이 오르지는 않더라고요. 수익이 생기고, 디자인도 안정적으로 하는 건 이제야 2년 정도 된 것 같아요.

어떤 면에서 흐름이 바뀌었다는 걸 느꼈어요?
'스노우맨'이 출시되면서 판도가 많이 바뀌었죠. 7-8년 동안은 고생이 정말 많았어요. 지금은 제품 촬영할 때 서포트해 주는 스태프가 많을 땐 7명까지도 있는데요. 이전에는 제품 촬영 기획부터 촬영 업무까지 혼자서 해내야 했어요. 옥상에 설치해야 하는 파티용 조명기구도 직접 사다리에 올라 설치하곤 했죠. 직원들이 대구에 있어서 함께하는 게 쉽지 않았고, 그래서 오래 할 수 있는 일이라곤 생각하지 못했어요. 그와 더불어 점점 더 동기부여도 안되고, 수익적인 면에서도 불리하다 보니까 그만둬야겠다는 생각도 들더라고요. 세 번 정도 고비가 있었는데 대표님이 계속할 수 있도록 저를 설득해 주셨어요. 제가 단념하려 할 때마다 지금 당장 필요한 게 뭔지 물어봐 주시더라고요. 제가 원한 건 예산보다도 인력이었어요. 그때 마케팅팀장이 들어왔고 비로소 저는 디자인에만 집중할 수 있는 상황이 됐어요. 그렇게 시스템이 자리를 잡기 시작하면서 이전만큼 대구에 자주 가지 않고도 원활하게 소통하고 작업할 수 있게 된 거죠.

그 이전에는 대구에 자주 오가셨나요?
그럼요. 굉장히 많이 갔죠. 일하다가 통화로 안 되고 답답하면 바로 출발했어요. 일 처리하면서 본사에 계신 분들을 대면해서 설득하는 업무도 해나갔죠. 사실 본사 분들과는 나이 차이도 나고, 하는 일이 달라서 효과적으로 설득하기가 어려웠어요. 그럴 때마다 소통할 상대가 없다는 게 막막해서 그만해야겠다는 생각이 든 건데요. 마케팅팀장이 들어오고 나선 저보다 젊은 시선으로 서포트와 리서치를 해주니까 데이터를 만들어 나갈 수 있게 되더라고요. 그때부터 조명을 제대로 해보자고 마음먹고 준비하게 되었고요. 동시에 디자인 예산도 마련되면서 열심히 할 수 있는 계기가 만들어졌죠.

전구와 조명은 비슷한 듯하면서도 다른 영역이라고 생각해요. 그래서 설득이 쉽지 않았다는 생각도 들고요.

조명 기구 부품 중 하나라고도 볼 수 있죠. 또 하나 다른 점이 있다면 변화일 거예요. 전구는 에디슨이 발명한 이후 100년이 넘게 유통되어 온 공산품이에요. 유리구와 소켓 부분 실루엣이 조금씩 바뀌긴 했지만 거의 변한 게 없는 제품이죠. 반면, 조명 기구는 같은 게 하나도 없어요. 전구가 기본이라면, 조명은 가능성이 굉장히 높은 제품이라고 봐요.

조명 브랜드로 나아가면서 새로운 고민거리도 생겼을 것 같아요.

지금 제일 고민스러운 부분은 판매 가격과 성능이에요. 일광전구는 현재 10만 원에서 20만 원대 정도의 제품을 다루고 있는데 요즘은 해외 브랜드 구매도 쉽고, 국내 유통사에서 취급하는 해외 브랜드 수도 많아져서 고객들 눈이 높아졌어요. 그들이 매력적으로 느끼는 조명 대부분이 100-200만 원 선이죠. 그렇다고 해서 저희가 성능을 확 높인 50-100만 원짜리 조명을 내면 낯설고 이상할 거예요. 해외 브랜드는 역사도 깊고 디자인도 상당히 발달한 데 비해 우리는 이제 막 시야를 넓혀가고 있는 브랜드니까요. 그렇지만 판매가를 높이면 그만큼 원하는 소재로 다양한 공법을 활용할 수 있어요. 소재 마감도 원하는 대로 해볼 수 있고요. 그래서 요즘은 조금씩 판매가를 높여가며 다양한 시도를 해보려고 해요.

특히 고급화된 부분에 관해 소개해 주신다면요?

일단은 표면 처리요. 예를 들어 크롬 플레이트면은 깨끗하게 마감해야 하는데, 초창기엔 큰돈을 쓸 수가 없어서 마감 부분에 흠집이 남곤 했어요. 부품 가공비에 큰돈을 쓰지 않으면서 가장 합리적으로 만들 수 있는 마지노선이었죠. 어떻게 해야 더 좋아지는지 알고 있지만 예산이 부족하니 금액대에 맞게 세팅하면서 놓아야 했던 부분인데요. 지금은 가격 경쟁력도 생기고, 조명 브랜드로 자리 잡아가면서 표면 퀄리티가 조금씩 좋아지고 있는 단계예요. 전보다 많은 부품을 직접 제작하면서 전용화된 생산 라인이 생긴 덕에 더 좋은 디자인과 제품이 나오고 있고요.

빛을 내는 장치라는 점은 동일하지만 전구는 조금 더 원천적인 부분에 해당되는 반면 조명은 전구를 활용할 수도, 그러지 않을 수도 있다는 점에서 조금 더 오브제에 가까워요. 전구가 아닌 LED칩 형태로 만들어진 조명 기구도 최근에는 많이 만들어지고 있지만, 아직 기업들은 전구를 활용해서 조명을 제작해요. 그런 면에서 전구는

세대를 거듭하며 만들어 온 브랜드

사람들이 언제부턴가 '나'를 넘어 '내 공간'에 자아를 투영한다는 생각이 들어요. 그 안에서 조명은 어떤 역할을 한다고 생각하세요?
먹고살기 바쁜 시대일 때 조명은 공간을 밝히는 용도에 불과했어요. 반면, 지금은 사회 전반적으로 소득이 높아졌기 때문에 사람들이 공간에 더 관심을 가지게 됐는데요. 상류층만의 문화라 생각한 공간 꾸미기가 코로나19를 거치면서 좀더 대중화되었고, 그 덕에 공간을 향한 관심이 점점 가속화되기도 했어요. 해외 유명 브랜드 제품이 아니더라도 내 공간을 꾸밀 수 있는 작고 소소한 것들에 관심을 많이 갖게 된 거죠. 1시간, 아니 10분을 머물더라도 내 마음에 드는 만족스러운 공간에 있고 싶다는 욕구일 거예요. 그 분위기를 빠르고 효과적으로 바꿔주는 게 조명인 거고요.

조명 활용 팁을 얻고 싶어 하는 분들도 있을 텐데 살짝 알려주신다면요?
공간 분위기를 가장 크게 좌지우지하는 건 일단 펜던트 조명이에요. 개인적으로는 너무 튀는 펜던트는 지양하라고 이야기하고 싶어요. 실제로 그렇지는 않지만, 대중적으로 펜던트 조명은 한 번 시공하면 교체하기 어려운 부분이라고 여기기 때문에 무난한 타입을 오래 사용하는 게 좋아요. 펜던트 조명을 집중형 조명으로 사용하려면 조명을 조금 낮게 다는 걸 추천하는데요. 연출에 신경 쓴 영화를 보면 대체로 펜던트 조명을 시선보다 약간 높게 달아서 눈부심만 방지하는 정도예요. 그 '높이'가 핵심이라고 봐요. 우리나라는 유난히 조명을 높게 다는 경향이 있는데 펜던트 조명이 머리에 닿지 않아야 한다고 생각해서인 것 같아요. 근데, 테이블이 있다면 조명이 아무리 낮게 달려 있다 한들 머리에 조명이 닿을 수 없어요. 테이블 같은 국소적인 공간을 위해 집중형 조명으로 펜던트 조명을 사용하는 경우엔 시선과 격차가 크지 않도록 설치하고, 테이블 같은 가구 없이 사람들이 지나다니는 동선에 두는 펜던트 조명은 머리가 걸리지 않을 정도로만 조금 높게 다는 걸 추천해요. 또한 테이블 조명, 플로우 스탠드, 나아가 포터블 조명의 경우, 펜던트에 비해서는 이동하기가 쉬우니까 좀더 튀는 색상을 추천하고 싶어요. 공간의 포인트를 위해 어떤 조명을 선택하느냐는 더 중요해질 거라고 봐요. 한국 사람들은 화이트 톤 인테리어를 선호하는 경향이 있어서 포인트 조명을 둔다면 단조로움을 피하는 데도 효과적일 거예요.

지금 일광전구를 우뚝 세운 베스트셀러 중 하나가 '스노우맨'일 텐데요. 어떻게 만들게 된 제품인가요?
스노우맨은 2022년 1월에 론칭한 제품인데, 바로 전에 나온 제품이 '에이콘ACORN' 시리즈였어요. 스노우맨이랑 기둥과 바닥 판을 공유하는 제품인데요. 급하게 전시에 출품하게 되면서 프리오더 방식으로 판매하게 됐는데, 현장 반응은 꽤 좋았어요. 근데 생각만큼 주문이 많지 않더라고요. 제 기억으로 그 당시 50건도 안 들어왔던 것 같아요. 걱정이 컸는데 3-4개월 지나니까 반응이 오더라고요. 입점처 계약이 진행되고, 바이럴이 돌면서 굉장히 잘됐어요. 그때 이 흐름을 이어서 크리스마스에 맞춰 새 제품을 출시하자는 이야기가 나왔고, 그 당시 유리 조명이 인기 있을 때라 유리를 생각해 보게 됐는데요. 에이콘 시리즈의 바디를 그대로 사용하면서 위쪽만 유리로 바꾸는 방식이 어떨까 싶더라고요. 겨울 출시를 앞두고 이름을 고민하다가 동그란 모양에서 '스노우볼'이 떠올랐어요. 또한 납작한 구가 연결된 형태를 하나 더 개발하고 나니 '스노우맨'이라는 이름이 좋겠다 싶었죠. 사실 처음엔 직원들 대부분이 스노우볼이 더 잘될 거라고 생각했어요. 가장 기본적인 형상이었으니까요. 저희한테 스노우맨은 기본을 약간 변형한 타입으로 재미 요소를 생각한 건데, 출시 즉시 스노우맨에 반응이 오기 시작했어요. 29CM를 통해 론칭했는데 첫날부터 엄청나게 많이 판매되었죠.

왜 스노우맨이 인기가 더 많았을까요?
사실 이런 기본 형태는 일광전구뿐 아니라 많은 브랜드가 시도하는 디자인이에요. 그래서 오히려 차별화가 어려운 반면, 스노우맨은 약간의 차별점이 매력적으로 다가온 것 같아요. 100퍼센트의 혁신보다 5퍼센트, 10퍼센트의 변화가 유효했다고 봐요. 기본형에서 부담스럽지 않은 변형이었던 거죠.

현재 스노우맨뿐 아니라 일광전구는 국내외로 반응이 좋은 걸로 알고 있어요. 해외 진출도 염두에 두고 있다는 인터뷰를 보았는데, 어떨 때 해외에서 반응이 있다는 걸 실감하세요?
일단은 카피가 많아졌어요. 알리, 테무 같은 사이트에서 초저가 상품으로 판매되는 걸 보면 안타까우면서도 반응을 실감하게 되죠. 종종 해외여행을 가신 분들이 일광전구 제품이 있다면서 연락해 오는 경우도 더러 있고요. 수출한 적이 없는데도 저희 제품이 해외로 나가 있는 걸 보면

감회가 새로워요. 또한, 일광전구 쇼룸을 연 지 1년이 좀 넘었는데 해외 방문객 비율이 꽤 높아요. 인스타그램만 봐도 대만, 중국에서 유입이 많고요. 아, 그리고 일광전구가 1년 반 전부터 중국 상하이에 있는 하이엔드 편집숍과 거래 중인데요. 상당히 수준이 높은 숍인데, 입점했다는 것만으로도 의미가 커서 그때 해외에서의 반응을 크게 실감했어요. 그리고… 이번 호가 출간될 즈음이면 발표되었을 것 같은데, 일광전구가 미국 뉴욕 모마MoMA 디자인 스토어에 입점하게 됐어요.

와, 정말요?
네(웃음). 이미 모마 홈페이지에는 업로드되어 있는데, 아직 이것저것 절차가 남아 홍보에는 돌입하지 못했어요. 이전까지 하던 인터뷰에선 모마라곤 언급 못 하고 '미국에서 나온다'고만 했는데, 이번 인터뷰에서 속 시원하게 이야기하게 돼서 기쁘네요(웃음). 이를 토대로 일본, 홍콩 모마 디자인 스토어에서도 연락이 오고 있어서 올해 안에는 모두 입점하지 않을까 싶어요.

전 세계에 존재하는 조명 브랜드만 해도 상당한데, 모마를 비롯해서 사람들이 일광전구 조명을 선택하는 이유가 뭐라고 생각하세요?
시간의 힘 아닐까요? 제가 일광전구 브랜딩을 시작한 건 이제 막 10년이 됐지만, 일광전구는 1962년부터 시작된 회사예요. 고비를 수없이 겪었죠. 보릿고개도 있었을 거고, IMF도 직접적으로 겪었어요. 전문적인 조명 브랜드로서의 걸음은 이제 3년 차지만 그간 전구만 고집해서 해왔다는 브랜드 히스토리가 빛에 대한 전문성을 보여준 거라고 생각해요. 저도 지속적으로 그 연결 고리를 이어오려고 노력해 왔고요. 조명 브랜드로서의 일광전구는 제가 만든 게 아니에요. 전 세대가 정성껏 시간을 들인 덕분에 계속 발전해 나갈 수 있는 거죠.

어쩌면 그것은 '일광전구가 지켜온 것을 해치지 않으면서 행보를 이어 나가고 싶다.'는 디렉터님 말의 연장선 같아요. 새로운 행보 속에서도 지키고자 한 일광전구의 뿌리에 관해서도 좀더 들어보고 싶어요.
전구 회사로 60년 이상 이름을 이어온다는 것만으로도 하나의 굳건한 히스토리가 되었다고 봐요. 요즘 일광전구는 '롱 라이프 디자인'이라는 말을 쓰고 있는데요. 제가 일광전구 브랜딩을 시작할 당시는 오래된 브랜드가 하나둘 브랜딩을 시도하던 때이기도 했어요. 젊은 피, 젊은 시각이 들어가면서 새로워지는 브랜딩을 직접 확인했는데 대체로 약간 키치한 스타일을 향해 있더라고요. 전통을 지켜온 기업의 파격적인 변신이었지만 어울리지 않는 방식이라는 생각도 들었어요. 대체로 오래가지는 못하더라고요. 그런 흐름을 보면서 일광전구만의 전통성을 지키면서 펼쳐나갈 수 있는 디자인 방식을 쌓아가고자 했어요.

영원보단 최선의 마음으로

이번 호 주제어가 '대구'예요. 글로벌로 더 넓게 뻗어나갈 채비를 하는 이 시점, 일광전구의 뿌리인 대구에 관해 여쭤보고 싶은데요. 디렉터님께 대구는 어떤 이미지인가요?
서울에 살면서 지방에 내려가긴 쉽지 않아요. 그래서 다른 지역에 환상 비슷한 걸 가지곤 했는데 처음 대구에 갈 때도 마찬가지였어요. 근데 제 설렘과 달리 말투나 대화 뉘앙스가 유난히 세게 느껴지더라고요. 소비자들에게 비슷한 피드백도 많이 들었어요. 일광전구 CS센터는 대구에서 운영하고 있는데, 그래서인지 소비자들이 담당자가 화를 냈다는 피드백을 많이 해오더라고요. 대구 사투리가 주는 약간 센 뉘앙스가 있어서 화난 것 같다는 피드백이 어떤 의미인지는 알겠지만, 실은 전혀 그렇지 않아요. 여러 시행착오를 거쳐서 CS 관련 전화도 이젠 굉장히 밝게 받아주고 계시니까 오해하지 마세요(웃음). 지금은 저도 웃으면서 이야기하지만 난감할 때가 있었어요. 일광전구는 근속 연수가 30년 정도 되신 분들이 대부분이라

이런 피드백을 전하는 게 쉽지 않았어요. 아무래도 변화보다는 현상 유지에 집중하고, 늘 사용해 온 말투를 바꾸는 건 쉽지 않은 일이니까요. 그래서 처음엔 조심스러운 마음도 컸는데 소통하면 소통할수록 재미있고 이야기도 잘 통하더라고요. 직접 겪어보고 나니 사람들이 대구를 편견 없이 즐기게 되면 좋겠다는 생각도 자주 하게 돼요.

그러고 보니 올해 브랜드 로고를 바꾸셨죠. IK가 ILKW로 바뀐 형태인데, 이유가 있었을 것 같아요.
올해 2월에 바꿨는데요. 몇 가지 이슈 때문에 과정상 굉장히 바쁘게 바꾸게 됐어요. 수출을 염두에 둔 시점에 IK는 사용하는 곳들이 제법 있다 보니 브랜드 등록이 안 되더라고요. 사용하고 싶다면 큰돈을 내고 구입해야 했는데, 그럴 만한 기업은 아니다 보니까 브랜드명을 바꿔야겠다는 생각만 하고 있던 차였죠. 그러다 해외에서 스노우맨 반응이 오기 시작하면서 본격적으로 수출을 검토하게 됐어요. 근데 1세대 버전은 안전 인증이나

전기적인 특성이 한국에 맞추어져 있어서 국내 사용만 가능한 제품이거든요. 수출을 위해 스노우맨 1세대가 나오고 2년이 채 안 된 시점에 2세대를 만들어야 하는 상황이었죠. 모든 부분을 리뉴얼한 2세대를 준비하면서 수출을 위해 브랜드명도 빠르게 수정해야 했어요. 신속하게 고민한 끝에 일광전구의 영문명인 'ILKWANG LIGHTING'에서 앞의 네 자만 남겨 ILKW로 정하게 되었어요. 한글로는 여전히 일광전구로 부르고 있고, 영문 표기만 달리하는 것으로 로고를 새로 디자인해서 수출하기 시작했어요.

스노우맨 1세대 때만 해도 염두에 두지 않던 수출까지 진행하고 있어요. 여러 매체에서 일광전구가 제2의 전성기를 맞았다고 표현하던데, 디렉터님이 생각하시는 전성기에 관해서도 들어보고 싶어요.
아무래도 제2의 전성기는 스노우맨으로 큰 관심을 받고 조명 브랜드로 이름을 알린 때이지 않을까 싶어요. 사실 스노우맨은 제 주변 사람들만 해도 거의 다 가지고 있고, 특히 여성분들한테 인기가 많아요. 지금도 그 인기는 줄지 않고 오히려 늘어나는 추세고요. 앞서 이야기했다시피 수출에 대한 니즈도 많아지면서 전 세계적으로 연락이 오고 강연도 하게 되는 걸 보면 제2의 전성기가 맞긴 맞구나 싶어요.

대화 초반에 '이렇게 오랫동안 일광전구랑 함께할 줄 몰랐다.'고 하셨는데요. 앞으로의 계획은 어떤가요?
신제품은 계속 개발 중이고, 일광전구와는 앞으로도 함께할 거라고 봐요. 그러나 언제 이 관계가 끝날지 모른다고는 늘 생각하고 있죠. 사실 저는 외부 협업자이기 때문에 경영자 입장에선 언제든 더 좋은 안이 생각날 수 있고, 제 작업 방식이 마음에 들지 않는 경우도 생길 수 있거든요. 그런 위험 부담이 있는 위치이기에 더욱 기대에 충족하려는 노력을 많이 하게 돼요.

위험 부담이 있다고 하셨지만 끈끈한 신뢰로 이루어진 관계 같아 보여요.
지금에 이르기까지 계속 서로 설득하고, 시도하고, 나아가는 힘든 시간이 있었어요. 제 디자인 스튜디오도 운영해 나가야 하니까 금전적인 문제도 있었고요. 그런데도 쉽게 그만둘 수 없던 이유 중 하나는 '이왕 시작한 거 끝을 보자.'라는 마음 덕분이었어요. 이 악물고 '한 번만 더 해보자.' 하면서 덤빈 게 10년이란 세월을 만든 거죠. 무엇보다 일광전구가 저를 단순한 의뢰 업체로 생각해 주지 않았다는 점이 커요. 클라이언트한테 디자인 스튜디오가 이렇게까지 깊이 관여하는 경우는 거의 없어요. 의뢰한 것을 발전시켜서 더 좋은 안을 제안해도 여러 이유로 퇴화한

디자인이 출시되는 경우도 많으니까요. 그런데 지금과 같은 협업이 가능한 건 처음부터 신뢰를 꾸준히 쌓아왔기 때문이 아닐까 싶어요. 저는 초기부터 잘된 국내외 브랜드 사례를 공부해서 일광전구에 제안하면서 조금씩 변화를 만들어 나갔어요. 일광전구가 확신이 없을 때도 반드시 맞다는 결과를 만들어 내곤 했는데, 그런 모습을 인정받으면서 시너지를 내는 것 같아요. 사실 한 번 변화를 만들고 멈춰 있으면 '권순만 없이도 할 수 있겠다.'는 생각이 들 수 있거든요. 그래서 정체되지 않도록 노력을 엄청나게 하는 거죠.

'끝을 보자.'는 마음을 먹었다고 하셨는데요. 디렉터님이 생각하는 끝은 어떤 모습이에요?
해외에서도 인정받는 브랜드가 되는 거요. 그런 의미에서 모마에 들어간 게 굉장히 긍정적이죠. 인프라, 역사성, 기술 같은 측면에선 아직 유럽보다 월등히 잘할 순 없을 거예요. 하지만 머지않게 '아시아에서 가장 잘하는 조명 회사'라는 타이틀을 얻고 싶어요.

기술이 발전하면서 앞으로 아주 많은 것이 대체될 거란 이야기가 있어요. 디렉터님은 조명의 수명이 언제까지일 거라고 생각하세요?
조명은 영원할 거라고 봐요. 원래는 일정량의 밝은 빛을 내려면 최소한의 사이즈라는 게 있었지만 요즘은 그 최소한이라는 게 없어지기 시작했어요. 기술이 계속 발전하면서 조명 기구 역시 그에 맞게 발전하며 존재할 거예요. 또한 더 멋진 오브제를 소유하고 싶은 인간의 욕구가 있는 이상 조명은 살아남을거예요. 저는 아직도 조명으로 하고 싶은 게 많아요. 언젠가 조명과 어우러질 가구 디자인도 해보고 싶다는 욕심이 있어요. 하고 싶은 걸 다 할 수 있을 때까지 일광전구를 더 널리 알리고, 더욱 근사하고 품질 좋은 전구와 조명을 발전시켜 나가는 데 노력해 보려고요. 더 먼 곳에서 만나게 될 일광전구의 그다음 이야기도 기대해 주세요.

집에 돌아와서도 불빛이 아른거린다. 하릴없이 일광전구 사이를 헤매다가 '스노우맨 포터블 스탠드'를 나에게 선물하기로 했다. 주문 버튼을 누르니 마음이 환히 밝아온다. 전구와 조명에 이토록 진심이라면 이 빛은 영영 꺼지지 않을 수 있겠다는 생각도 살폿. 내 안에 은은한 빛이 드니 마음의 둘레가 한층 선명해진다. 기분이 좋아진다.

이 도시의 새 장면

에디터 차의진
포토그래퍼 장혜진

어떤 나무들은 아직 나이테는 흐릿하지만 초록빛을 내뿜으며 힘차게 자라난다. 대구에서
만난 네 사람은 그런 존재였다. 세월을 품은 고목 같은 대구의 역사와 장소들 사이에서,
저마다의 꿈을 갖고 한 발씩 나아가는 사람들. 이 도시의 새 장면은 그렇게 빚어지고 있었다.

취향으로 엮은
한 다발

최수진 CSO

"이상하고 아름다운 씨소." 소개 문구만큼이나 개성이 돋보이는 식물들은
흔하지 않은 조합과 형태로 최수진 씨의 손에서 태어났음을 말하고 있었다.
그는 어떤 사람이길래 이토록 이상하고 아름다운 꽃들을 엮어내고 있을까.
대구 중구 동인동의 한 3층 건물. 널찍한 창이 건물 한 바퀴를 빙 두르고 있어
식물 사이사이로 비치는 해가 좋았다. CSO를 가꾸고 매만지는 수진 씨가
반갑게 나를 맞았다. 취향을 담아 꽃을 엮는 중이었다.

문구사나 장난감 코너, 길가의 빈티지 상점…. 수진
씨는 알록달록한 색과 다양한 모양이 가득한 공간에서
취향을 우연히 마주치는 일을 좋아한다. 마음에 닿는
물건을 수집하고 조합해 작품을 만드는 일은 오랜 취미.
처음부터 꽃을 좋아한 건 아니었다. 오랫동안 어머니가
운영하던 꽃집도 곁에 놓인 익숙한 장면일 뿐이었다고.
하지만 어머니를 도우면서 자신을 표현하는 재료로 꽃을
다시 인식하게 됐다. 플로리스트마다 자신만의 스타일을
갖추고, 시간이 흐를수록 더 아름다운 작품을 만들어내는
모습에 마음이 끌렸다.
그렇게 수진 씨는 CSO를 열었다. 하루 종일 꽃을 엮는
건 그에게 놀기와 다름없었단다. 흙을 주면 자라나는
식물의 생명력에 감탄하고, 아름다움을 보며 내면의
무언가를 해소할 수 있었다. "이 일을 일로 여기지 않는
이유는 재밌어서예요." 열띤 목소리로 꽃과 함께하는

삶이 재밌다고 말하는 그를 보며 이곳은 그에게 놀이터와
다름없구나, 생각했다.
CSO라는 이름은 수진 씨가 자주 쓰던 인터넷 아이디에서
첫 세 글자를 따온 것이다. 이곳의 색깔과 방향이 곧
CSO이길 바라며 연상되는 의미가 없는 이름을 선택했다.
가게가 자리한 동인동은 관공서와 회사가 많아 직장인들이
자주 오가고, 동성로도 가까워 젊은 사람들도 쉽게 들를
수 있는 곳이다. 수진 씨는 그들과 대화하며 작품을
만들어내길 좋아한다. 손님들이 바라는 색감과 분위기에
CSO만의 스타일을 불어넣어 개성을 한 스푼 담는다.
CSO는 꽃집을 넘어 수진 씨의 취향과 꿈에 맞닿은
형태로 나아가고자 한다. 구체적인 계획보다는 더
재미있는 작업을 마음껏 해나가는 것이 목표다. 자유로운
아름다움을 좇아 CSO는 한 걸음씩 대구에서의 날들을
내디딘다.

haltavoca
Gelateria Artigianale
GELATI
haltavoca

쫀득하게 빚은
행복의 기억

백기호 할타보카

뜨거운 해가 내리쬐는 대구 수성구 만촌동. 익히 들은 대로 곳곳에 학원이 가득하다. 우르르 지나가는 학생들을 보며 걷다 보니 어느새 작은 가게에 도착했다. 아이와 어른 너나 할 것 없이 달콤한 미소를 머금고 나오는 이곳. 수제 젤라토 전문점 '할타보카'다. 대구에 젤라토 전문점이 전무하던 무렵, 백기호 씨는 노점에서부터 10여 년 동안 묵묵하게 자리를 지켜왔다. 그는 매일 하루를 충실히 보내며 만촌동 사람들의 손에 시원하고 행복한 기억을 쥐여준다.

백기호 씨가 아이스크림 스쿠퍼를 처음으로 손에 들었던 건 호주로 워킹홀리데이를 떠났을 때. 대구에서 나고 자란 그는 시드니의 이탈리안 레스토랑에서 일하며 우연히 젤라토 제조법을 배웠다. 그러던 어느 날 운명처럼 멜버른에서 젤라토 수레를 끄는 한 남자를 만났다. 달콤하고 낭만적인 장면에 반한 그는 대구 안지랑 곱창 골목으로 가 노점을 열었다. 젤라토 전문점 하나 없던 대구에서 원재료를 아끼지 않고, 기성 아이스크림에 없던 맛을 선보이기 위해 애썼단다. 비가 오나 눈이 오나 해맑게 거리에서 디저트를 선보이는 젊은 청년은 손님들의 응원을 듬뿍 받았다.

만촌동에 지금의 가게를 내고도 더 맛있는 젤라토를 선보이고 싶었다. 정통을 배우기 위해 이탈리아로 떠났지만, 생각은 조금 달라져 있었다. "이탈리아의 젤라토는 클래식하고 멋있었지만, 다녀오니 오히려 저희 가게만의 스타일을 만들고 싶었어요. 만촌동 사람들이 매일 가볍게 먹을 수 있는 젤라토를요."

할타보카는 유행으로 손님들을 자극하기보다, 기본에 충실하되 창의적인 맛을 선보이려 애쓴다. "제가 가수 장기하를 좋아해요(웃음). 일상적인 언어로 재밌고 세련된 음악을 만들잖아요. 할타보카도 비슷해지고 싶어요. 우리를 그의 음악에 비유한다면 맛은 멜로디, 신선하고 독특한 재료는 가사일 거예요." 오래 고민한 답변이라며 웃는 그에게 자부심과 애정이 비쳤다. 소박한 재료로 근사한 젤라토를 만들어내는 이의 꿈은 그리 거창하지 않다. 큰 계획을 세우기보다 매일에 충실하는 것. 많은 사람들에게 추억으로 자리한 가게가 되는 것. 손님을 다정하고 소중히 여기는 할타보카에서는 진심이 넘쳐 흐른다.

WHAT IS
THE COMM
EARTH   FOOD   LOVE
The Commen
CAFE
RESTAURNT
LIVING SHOP
OPEN
TUE-SUN
11:30-20:30
(LAST ORDER 19:45)
BREAK
15:00-17:00
(SHOP & CAFE OK!)
MONDAY CLOSE

가까이에 놓인
보통의 삶

강경민 더커먼

"What Is The Common Life(보통의 삶은 무엇인가)?" 대구 중구 동인동에 자리한 '더커먼'의 간판에 새겨진 문구다. 이곳을 운영하는 강경민 씨는 사람들에게 묻고 싶었다. 지속가능성을 위한 우리의 삶은 어떤 모습이어야 하는지, 우리는 무엇을 할 수 있는지. 더 나은 세상을 바라는 이들에게 더커먼은 문을 활짝 열고 다정한 한 끼와 필요한 만큼의 물건을 내어준다. 작지만 큰 목소리로 대구를 조금씩 밝혀간다.

더커먼에 들어서니 다채로운 풍경이 펼쳐졌다. 한쪽에는 지구를 아끼는 물건들이, 중앙에는 식재료와 생필품이 담긴 통이 놓여 있다. 불필요한 포장을 줄이도록 손님이 직접 용기를 가져와 원하는 만큼만 덜고, 그 무게에 따라 값을 지불하는 방식이란다. 맛있는 음식 냄새도 솔솔 풍긴다. 박스를 재활용한 메뉴판을 살펴보니 채소 기반 요리로 가득하다. 구운 채소 렌틸 커리, 팔라펠 샐러드…. 어릴 때부터 동물을 특별히 아끼던 경민 씨는 공장식 사육의 실상을 접하면서 그와 맞닿은 환경, 다양한 사회 문제까지 빠르게 관심을 넓혀갔다. 지속가능성에 더 깊이 빠져들수록 직업과 관심사 사이에서 괴리를 느꼈다. 그는 서울에서 상품과 매장을 매력적으로 연출해 소비를 유도하는 일을 했기 때문. 수많은 제품이 일터에 들어왔다가 단숨에 버려지는 모습을 보면서 회의감이 쌓여갔다. 결국 고향 대구의 한 사회적 기업으로 이직했다.

공간을 만들고 싶다는 꿈은 여행에서 다양한 사람을 만나며 커져갔다. "사람들과 직접 교류하면서 제가 충만해지는 느낌을 받았어요. 어떤 메시지를 강력하게 전달하는 방법은 오프라인이라는 걸 깨달았죠. 사람들에게 좋은 경험이 필요하다고 생각했어요." 더커먼은 지속가능성을 이야기하고 문화예술인들이 삶을 공유하는 커뮤니티, 모임 장소로도 기능한다. "서울로 본거지를 옮겨볼까 생각한 적도 있어요. 그런데 최근에 종종 오시는 손님이 딸에게 남긴 방명록을 읽고 생각이 달라졌죠. '딸, 엄마는 여기가 좋아. 네가 앞으로 자랄 세상은 이런 공간으로 가득한 골목이었으면 좋겠어.' 대구에 있는 분들에게 이곳이 의미 있는 공간일 수 있겠다는 생각이 들었어요." 경민 씨가 이야기하는 주제들은 비교적 서울에서 활발하게 논의되기에 대구에서의 활동은 더 의미 있게 느껴진다.

paperboy studio
취향 또는
용도에 맞게
노트를
권해드립니다.
보물
시고
어보세요

당신의 오늘을
기록하세요

배현재 페이퍼보이스튜디오

신문 배달부는 비가 오든 눈이 오든 하루도 빠지지 않고 신문을 배달한다. 그처럼 한결같은 마음으로 문구를 소개하고 싶은 사람. 문구 편집숍 '페이퍼보이스튜디오Paperboy Studio'를 운영하는 배현재 씨다. 여행이나 인턴 생활로 타지에 잠시 머문 때를 제외하면 대구를 떠난 적이 없다고. 애정을 쌓고 부은 자신의 터전에서 '트래블러스 노트'를 중심으로 매력적인 문구를 선보인다. 유쾌하고 친절한 사장님 덕에 손님들은 문구를 한 뼘 더 알아간다.

대구 중구 봉산동은 1980년대부터 화방과 갤러리가 많이 들어선 동네다. 문구 편집숍을 열 공간을 찾던 무렵 배현재 씨는 이곳을 떠올렸다. 대학교 졸업 전시회가 봉산동에서 열렸을 때, 동네 분위기와 매력이 인상 깊게 마음에 남아 있었다. 당시는 고시원도 많았다고 하지만, 지금은 카페와 편집숍이 들어서며 젊은 층이 모이는 곳이다. 현재 씨는 일본의 문구 회사 '디자인필Designphil'에서 제작하는 트래블러스 노트를 대구에 소개하고 싶어 숍을 열었다. 트래블러스 노트는 여행자의 노트를 콘셉트로, 내지와 표지를 자유롭게 선택하며 커스터마이징할 수 있다는 특징이 있다. 세계 각국에 파트너숍을 유치하는데 국내에서는 페이퍼보이스튜디오를 포함해 단 네 곳뿐이란다. 현재 씨는 그림을 유난히 좋아하던 아이였다. "낙서를 좋아해서 공책보다 그림 그릴 연습장을 더 많이 샀어요(웃음). 친구들이 제가 어떤 문구를 쓰는지

물어보더라고요. 그때부터 새로운 문구에 관심을 많이 가졌죠." 미술대학에 입학하고 디자이너가 된 후로도 필기류와 노트를 향한 애정은 끝나지 않았다. 그는 손님들에게 재밌고 친절한 사장님으로 기억된다. 손님이 관심을 보이는 제품은 활용법과 특징을 세세히 설명해 준다고. 유쾌한 사장님만큼이나 가게 곳곳에는 "과도한 예술혼은 집에서.", "보물: 보시고 물어보세요."처럼 재밌는 문장이 걸려 있다. 일본 문구 브랜드 '미도리' 제품과 다양한 펜, 스탬프, 리빙 브랜드 'HAY'의 소품까지 다양하게 선보이는 이곳. 앞으로도 개성 있는 제품을 만날 수 있는 공간이 되고자 한다. "문구 숍은 손님들이 들어오면 감탄사부터 시작하세요. 그분들을 보면서 힘을 얻죠. 더 다양한 볼거리를 보여주고 싶어요." 굿즈와 행사까지, 재밌는 공간을 만들어가기 위한 계획은 오늘도 계속된다.

오롯이 나를 발견하는 걸음으로

글 차의진
포토그래퍼 장혜진

사유원

정원은 고요하게 낯선 이를 맞이했다. 거대한 자연의 입에 삼켜지니 울창한 나무와 이름 모를 새가
정원의 깊은 중심으로 나를 인도한다. 드넓고 아름다운 땅 위에서 아주 작은 점이 되어가는 기분.
사사로운 생각과 부유하는 기억은 내려두고 초록빛 시간에 까마득히 잠겨본다.

어느 사업가의 꿈에서 시작된 정원

사유원은 2023년 대구로 편입된 경북 군위군에 자리한
수목원이자 산지 정원이다. 70만 제곱미터, 약 20만
평에 달하는 이 광활한 터에서는 산등성이가 끝을 모르고
굽이친 모습을 쉽게 만날 수 있다. 도시에서는 절대 만나지
못할 압도적인 경관은 누구의 꿈에서 탄생했을까. 시작은
대구의 철강 기업 태창철강(현 TC태창)을 이끌었던 유재성
회장이었다. 1989년 유재성 회장은 꿋꿋이 이 땅을 지키던
모과나무 네 그루가 일본으로 밀반출된다는 소식을 접했다.

줄기와 잎에 세월을 새긴 고목을 이런 식으로 빼앗길
수는 없었다. 유 회장은 한달음에 달려가 네 배 값을 주고
나무를 지켜냈다. 그 후로도 모과나무를 수집해 300년
이상을 살아온 모과나무 108그루가 모이게 되었다.
그 자체로 생명의 위대함을 보여주는 존재들을 한데
모으고자 그는 2006년 군위군 부계면에 부지를 마련했다.
그리고 배롱나무, 소나무, 소사나무, 바위를 수집하며
어디에서도 본 적 없는 수목원을 만드는 꿈을 키워갔다.

자연의 시간 속에서

모과나무가 지금의 사유원에 심긴 때는 2010년.
정원 곳곳에 세계 각국의 건축가들과 조경가들의 손길이
더해지며 지금의 모습을 갖췄다. 낯선 이를 맞이할 준비를
마치자 사유원은 2021년 조용히 관람객을 불렀다.
산책자가 정원을 거니는 동안, 멀리 뿌옇게 흐려진
산에서는 물안개가 피어나고 아름다운 석상과 조각들이
낯선 이를 기다린다. 이곳에는 건축물 서른 개가 자리해
있으며 사유원이라는 거대한 정원 속에 조성된 주제 공원은
아홉 곳이 있다. 거장들의 마음이 닿은 덕에 저마다의
웅장함과 경이로움을 갖췄다. 그것에 감탄하며 구석구석을
살피다 보면 세 시간이 훌쩍 흐른다. 좀더 깊게 누리려 하는
이들에게는 다섯 시간도 부족하다.
모든 공간과 구조물의 시선은 사람을 향하지 않는다.
자신들이 머무는 곳을 잠시 보여주겠다고 허용한 듯,
작위적인 느낌 없이 자연과 어우러진다. 풀과 꽃, 나무도
마찬가지다. 흔한 공원처럼 사람이 가는 길을 피해
얼기설기 심기지 않아 그들의 거처를 이방인에게 잠시
내어준 듯한 착각을 불러일으킨다. 가파른 오르막이나
우거진 숲길도 허용한다. 원시림 또는 잘 가꾼 수목원.
이곳의 정체를 더듬다 보면 일상의 문제들은 아득해진다.
머리를 뿌옇게 흐리던 크고 작은 지워지고 자연과 그 안의
오롯한 나만이 존재할 뿐이다.

사색의 시작, 소요헌

입구부터 시작된 '비나리길'을 따라 걸으니 이곳의 전망대 '소대'가 나타났다. 높은 공간에서 보는 사유원은 어떤 얼굴일까. 소대 내부 계단을 오르니 탁 트인 창 너머로 '소요헌'이 보인다. 우거진 숲에서 고개를 살짝 내민 회색 건축물. 소요헌은 '자유롭게 거닐며 다니는 집'이라고 했다. 그곳은 산책자에게 어떤 길을 내어줄까. 거대한 콘크리트 덩어리 앞에 서니 작은 입구가 나를 기다린다. 이곳은 Y자 형태의 건축물이 두 갈래로 나뉜 긴 복도를 따라 걸을 수 있는 구조다. 천천히 들어서니 발걸음 소리가 텅 빈 거대한 공간에 천천히 울려 퍼졌다.

소요헌은 조각상과 작품 들이 자리한 거대한 갤러리다. 포르투갈 건축가 알바로 시자Alvaro Siza 그리고 제자 카를로스 카스타네이라Carlos Castanheira의 손길이 닿았다. 이 공간의 구성은 본래 스페인 마드리드 오에스테 공원 건립 프로젝트 일환으로 설계되었다. 하지만 프로젝트가 무산되면서 도면에만 존재하는 건물이 될 뻔했다. 유재성 회장은 이곳을 꼭 사유원에 만들고 싶어 알바로 시자를 계속 설득했고, 마침내 소요헌이 탄생하게 되었다.

처음으로 마주한 조각품은 벽에 매달린 녹슨 붉은 철판. 원래의 계획대로라면 피카소의 그림 '게르니카'가 걸렸을 자리란다. 유재성 회장은 노년의 건축가를 설득할 때, 스페인전쟁 당시 폭격을 당한 게르니카 지역처럼 군위 또한 한국전쟁 당시 낙동강 전투의 격전지였다는 점을 설명했다고 한다. 철판이 하늘에서 날카롭게 내려오는 모습은 폭력과 전쟁을 상징한다.

두 갈래로 나뉜 내부 복도 사이에 자리한 정원은 빛의 공간이다. 한 걸음 뗄 때마다 바닥 자갈 소리를 들으며 어둑한 내부와의 반전을 느끼다, 다시 건너편 터널로 진입한다. 통로의 끝에서 만난 건 거대한 알 모양 조각품. 피카소의 '임신한 여인' 대신 설치된 이 작품은 아득한 길 끝에서 마침내 만난 생명의 시초였다. 죽음과 탄생이 순환하는 이곳은 전쟁의 잔인함, 새로운 희망을 들려주고 있었다. 빛과 어둠이 교차하는 장면을 목격하며 조용히 사유에 잠겨본다.

사색의 중간, 풍설기천년

소요헌에서 나와 사유원의 심장부, '풍설기천년'으로
향했다. 유재성 회장이 수집한 모과나무 108그루를 만날
수 있는 정원이다. 이름은 바람과 서리, 인간의 욕망을
견뎌온 나무들이 천 년 동안 살아남기를 바라는 마음에서
붙여주었단다. 평생 고요히 머무를 안식처럼 이곳은
평화로움뿐이었다. 모과나무는 넓은 연못을 중심으로
구릉 위에 펼쳐져 있었다. 사유원 곳곳에서 만날 수 있는
녹슨 철판은 모과나무 아래 놓여 나무를 떠받치는 것처럼

보인다. 인공물과 자연물은 원래 그 자리에서
함께 태어나고 자라온 듯 조화를 이룬다. 고목 사이를
지나는 동안 발견한 건 말갛게 영근 모과 열매. 수백 번
맺히고 졌을 이 생명에 경탄하는 사이, 정원은 나를
사유의 산책으로 인도한다.
이곳은 국내 최고 조경가 정영선의 손을 거쳤다. 그는
선유도공원, 여의도 샛강생태공원, 디올 성수의 조경
작업에 참여하며 우리나라 조경 역사를 이끌어온 인물이다.

정영선 조경가는 풍설기천년과 더불어 사유원의 전체 조경을 담당했다. 그가 이끄는 '조경설계서안'에서 함께했던 박승진 조경건축가는 풀무원 물의 정원, 아모레퍼시픽 본사 사옥 등을 설계한 인물로, 사유원 조경에 힘을 더했다. 이곳에서 반 천 년을 보낼 나무를 위해 심혈을 기울였을 이들의 손길을 떠올려본다.

모과나무는 평균 수령이 300년을 훌쩍 넘긴다. 그들의 중심에는 유달리 늠름하고 장엄한 존재가 있는데, 바로 654년을 살아낸 모과나무다. 늠름한 모습으로 정원을 지키는 고목은 다른 나무들이 자라며 늙는 모습을 봐왔을 터. 그가 겪었을 궂은 날씨와 따스한 해를 헤아려보는 사이, 나의 사사로운 고민은 어느새 잠잠해진다.

사색의 끝, 명정

산책 말미에 다다른 곳은 북쪽 끝에 자리한 '명정'이다. 이곳을 설계한 건축가 승효상은 1989년 건축사무소 '이로재'를 설립하고 파주출판도시와 입주사 건물을 매만진 인물이다. 수목원의 가장 높은 곳에 자리한 전망대이나, 승효상 건축가가 내린 선택은 지하를 파내는 것. 수목원을 더 아름답게 보려면 기억을 마음에 잠시 머무르게 해야 한다고 생각했던 까닭이다.

내부로 들어서니 그의 의도대로 높은 벽이 사면을 막았다. 나무와 풀도 이곳에서는 볼 수가 없었다. 시선 위로 하늘만 보일 뿐이다. 벽에서는 조용히 물이 떨어지고, 그 물이 모여 바닥을 가득 덮는다. 긴 콘크리트 의자에 앉아 물소리에 귀 기울이며 하늘을 바라본다. 지나온 풍경을 떠올리며 고요한 시간에 잠겨본다. '명상을 위한 정원'이라는 이름 역시 잘 어울린다.

벽 너머에는 좁은 계단이 있다. 한 단씩 오르면 마침내
수목원의 전경이 펼쳐진다. 팔공산의 너른 품과 광활한 땅.
나무 사이를 지날 때는 볼 수 없던 시야다. 자연의 위엄을
눈앞에 두고 내가 걸어온 길과 되돌아갈 길을 살핀다.
얼마든지 다시 찾고 싶은 풍경이다.
긴 시간의 산책을 마치고 다시 원점으로 돌아온 순간,
지나온 시간이 마치 꿈처럼 느껴졌다. 그곳에만 존재하며,
어디에서도 볼 수 없을 것 같은 장면들. 사유의 길을 다시
헤아려보며 이곳을 나서니 내가 부풀린 감정과 생각들은
이미 작은 점이 되어 있다. 울창한 숲과 조용한 바위
사이에 내가 아닌 나를 살며시 내려두고 온 덕분이다.

사유원에서의 사색을
돕는 네 가지 방법

현암 티하우스

사유원 첫 번째 건축물인 '현암'에서
자연을 벗 삼아 음료와 디저트를 마시는
프로그램이다. 다식과 함께 차를 마신 뒤,
싱잉볼 명상과 가야금 연주를 즐길 수
있다. 현암의 삼면을 창이 빙 두르고 있어
경치를 둘러보면 숲 한가운데 떠오른 듯한
기분. 회차별 시간대 확인과 예약은 사유원
홈페이지에서 가능하다. 회차당 6명, 한
팀인 경우 최대 8명까지 예약할 수 있다.

사담 런치&디너

물의 정원 '사담'에 자리한 레스토랑
'몽몽미방'에서 헤드 셰프가 조리한 특선
코스 요리를 경험할 수 있다. 널찍한 통창
너머로는 느티나무 숲과 아름다운 낙조,
비단잉어의 연못이 펼쳐진다. 달마다 다른
메뉴를 선보이며, 자세한 메뉴는 매달
사유원 홈페이지에서 공개된다.

동대구역 왕복 셔틀 패키지

군위에 위치한 사유원은 동대구역에서
차로 한 시간 거리에 떨어져 있다. 타지에서
온 방문객이라면 셔틀 패키지를 이용해도
좋을 터. 매달 특정 일자에만 제공되는
프로그램이니 사유원을 방문할 계획이라면
미리 살펴보자.

가가빈빈

사유원 내 유일한 카페다. 사유원은 외부
음식 반입을 철저히 금지하고 있기에,
간식을 원한다면 가가빈빈을 방문해도
좋다. 풍설기천년에서 수확한 모과로 만든
모과차 등 다양한 음료와 디저트를 만날 수
있는 쉼터다.

H. Sayuwon.com
O. 화-일 9:00-17:00, 월요일 휴무

기차에서 지하철로 갈아타 중앙로역에 도착했다. 계단을 걸어 올라오자마자 쏟아지는 뙤약볕을
대구의 반가운 인사라 여기며 동성로 한편으로 파고들었다. 곧 사람들이 차오를 골목에서 더
깊은 곳으로 걸어 들어가면 오래된 음악감상실 하나가 보인다. 그 이름은 '하이마트 음악감상실'.
독일어로 '고향Heimat'이라는 뜻을 붙여둔 그곳은 한국전쟁 시절부터 사람의 손길이 뭉근히 닿은
흔적들로 가득하다. 세대와 세대를 넘어 선율이 흐르는 곳에서 마음에 드는 자리를 골라 앉았다.
오래된 풍경 속을 유유히 떠다니던 음악 소리도 가만한 기색으로 나의 곁에 머문다.

오래된 풍경 속 실내악

하이마트 음악감상실

글 이명주
포토그래퍼 김혜정

되돌아가지 않은 이유

매일 정오, 하이마트 음악감상실은 변함없이 문을 열고 음악을 튼다. 때로는 클래식, 때로는 오래된 가요가 턴테이블 위로 올라선다. 시끌벅적한 노랫소리와 분주한 이들로 가득한 동성로에서 하이마트의 음악은 바깥으로 새어 나오지 않을지도 모르지만, 음악감상실로 들어서는 걸음들은 이 공간의 존재를 오랫동안 알고 있고 또 애정을 품는 이들의 것이다. 그들은 스테인드글라스 창에 스며드는 빛을 바라보며 이 시간만을 기다렸다는 듯 음악에 빠져든다.

고풍스러운 모양새의 현재와 달리 하이마트의 시작을 말하려면, 거칠고 드센 한국전쟁 시절로 거슬러 올라가야 한다. 당시 수많은 사람은 날카로운 전쟁의 칼날을 피해 부산과 대구로 쏟아져 내려왔다. 현재 하이마트를 운영 중인 박수원 선생의 할아버지이자 창업주 김수억 선생도 마찬가지였는데, 음악을 사랑하던 그는 음반들을 품에 안고 서울부터 대구까지 먼 길을 나섰다고. 피란 중에도 음반을 사 모으거나 미군 부대 또는 미국에 사는 친척을 통해 구할 정도로 음악에 대한 애정이 가득했다. 전쟁의 매듭이 불완전하게나마 지어진 후에는 다시 서울로 돌아갈까 고심했지만, 결국 대구에 남기로 했다. 많은 음반들을 안전하게 운반할 수도 없거니와 고된 시대를 거치며 삶의 터전을 잃어버린 사람들과 음악을 나누고 싶었기 때문이다. 마음의 안식처가 필요한 이들에게 작은 고향이 되길 바라며, 송영택 시인이 지어준 '하이마트'라는 이름을 안고 시작한 음악감상실은 당시 유명한 문인과 화가, 음악인 등을 한자리로 끌어들였다. 창작을 꿈꾸는 예술인뿐 아니라 동네 주민들의 아지트가 되어, 생채기 난 일상과 마음을 구슬픈 선율로 어루만져 주곤 했다.

김수억 선생은 하나뿐인 딸 김순희 선생에게 마음의 고향을 물려주었다. "내가 없더라도 네가 문 닫지 말고 끝까지 해라. 음악을 듣는 사람이라야 생각하는 사람이 된다."라는 말과 함께. 1957년 옛 대구극장 맞은편에 자리했던 음악감상실을 70년대에 현재의 자리로 옮긴 후에는 공간도 보다 살뜰히 가꿨다. 손님들이 앉아 다과를 나눌 수 있는 휴게실과 음악을 듣는 데 집중하는 감상실로 나누었고, 상징성을 담은 스테인드글라스 유리창과 유명

음악가들이 담긴 조각을 벽면에 설치했다. 적벽돌과 어두운 실내조명, 나무 가구들은 당시 유행하던 인테리어 풍조였다고. 감상실 안쪽에는 LP와 CD가 가득 쌓인 디제이 부스를 만들어 신청곡을 받아 틀어주기도 했다. 듣는 이는 원하는 곡이 시작되어 끝날 때까지 가만히 자리를 지킨다. 그 오롯한 시간을 지켜주기 위해 그보다 더 어두운 곳에서 누군가는 바삐 움직였으리라. 어떤 삶을 잠시 생각해 본다.

초록색 간판이 인상적인 하이마트

입장료에 포함된 커피 또는 차 한 잔

함께 듣는다는 것

어머니를 이어 하이마트를 세 번째로 이어받은 박수원, 이경은 부부는 익숙한 자태로 이방인에게 공간의 이모저모를 들려주었다. 하이마트는 지금껏 변함없이 자리를 지키고 있지만 어려움이 없었던 건 아니다. 1980년대부터는 가정마다 카세트나 전축이 구비되고 개인이 이어폰을 소유하면서 집 바깥이 아닌 안에서 음악을 향유하는 사람들이 늘었기 때문이다. 하나의 공간에 모여 함께 음악을 듣던, 다른 이의 신청곡이라도 기꺼운 마음으로 듣던 시대에서 개인적인 감상으로 향유 문화가 변하고 있었다. 게다가 불과 몇 년 전에는 온 세상을 휩쓴 팬데믹 때문에 그 걸음마저 뚝 끊기기도 했다고. 사람이 머물지 않는 공간은 자연스레 빛이 바랠 수밖에 없었다.

음악가인 남편과 피아니스트인 아내는 과거와 더 먼 과거가 그랬듯, 함께 나누는 음악의 소중함을 전하기 위해 클래식만 고집하던 마음을 내려두었다. 젊은 피아니스트나 산울림, 김광석, 김동률처럼 여러 세대에서 사랑받는 음악까지 끌어안은 것이다. 입장료를 내면 종일 다과와 음악을 즐길 수 있는 것은 여전한데, 다시금 음악감상실의 문을 두드리는 사람들은 좀더 앳된 얼굴을 띠고 있다고 이경은 선생은 설명한다. 얼마 전엔 삼대가 함께 찾아오기도 했다. 할머니와 할아버지가 이곳에서 만나 데이트를 하다가 결혼했는데, 이제는 60대가 된 아들과 대학생인 손주들이 함께 걸음한 것이다. 손주들처럼 앳된 얼굴이었을 할머니와 할아버지의 청춘이 슬며시 머릿속을 스친다.

한참 이야기를 나누던 박수원 선생은 감상실 안쪽 디제이 부스로 안내했다. 수를 헤아릴 수 없을 만큼 빼곡히 꽂힌 음반들을 눈을 동그랗게 뜨며 보다가, 이내 그 성대함에 웃음이 터져 나왔다. 무수한 세계에서 원하는 곡을 척척 찾아내던 박수원 선생은 직접 들려주겠다며 도넛판(12인치 LP판보다 연주 시간이 짧아 소작품을 녹음하는 데 쓰였다. 일종의 싱글 앨범과도 같다고.)을 턴테이블에 올렸다. 소리골을 찾아 핀을 조심스레 올려두는 순간 LP판은 빙글빙글 돌면서 그 안에 새겨진 음표들을 읽어 나갔다. 부스 바깥으로 퍼지는 음악 소리를 듣자마자 나는 실크 시트가 씌워진 묵직한

감상실 의자에 앉았다. 적당한 노이즈가 오히려 선율의 생생함을 불어넣었고, 아주 먼 과거 어딘가에서 악기를 연주하는 호흡마저도 닿았다. 그리고 그 감각을 감상실에 머무는 이들이 모두 느끼고 있다는 사실이 더할 나위 없이 충만하게 느껴졌다. 아, 우리는 이러기 위해 음악을 함께 들었지. 나의 조용한 읊조림은 음악 어딘가에 섞인 듯하다. 하이마트 음악감상실에 머무는 이들은 오래된 풍경 속 실내악이 되어 그날의 장면을 마음 깊이 새겨둔다.

공간 곳곳에 놓인 오가던 이들의 기록

원하는 자리에 골라 앉는 감상실 의자

A. 대구 중구 동성로6길 45 3층
H. 매일 12:00-21:00

우리가 그곳에서 함께 나눈 음악

'세상에 뿌려진 사랑만큼'
이승환

보물찾기를 하는 마음으로 디제이 부스를 둘러보던 나에게 박수원 선생이 듣고 싶은 곡이 있는지 물었다. 그럴싸한 클래식을 말하고 싶었지만(웃음), 가장 먼저 머릿속에 떠오른 건 바로 이 노래. "그대의 얼굴과 그대의 이름과 그대의 얘기와 지나간 내 정든 날"이라는 가사를 좋아한다. 이별을 말하는 가사와 달리 전주는 몸을 들썩이게 만든다.

'죽음의 무도'
카미유 생상스

마침 취재하러 간 날은 1990년부터 시작된 음악 동호회 '소향회'의 모임이 열리는 날이었다. 박수원 선생의 선곡과 안내로 클래식을 감상하는 모임이라고. 정오가 되자 단정한 옷을 입은 중년 여성 회원들이 반가운 기색을 띠며 하나둘 하이마트 음악감상실의 문을 열었다. 그날의 첫 곡은 시인 앙리 카잘리스가 오래된 프랑스 괴담을 바탕으로 쓴 시를 모티브로 탄생한 교향곡이었다.

'쇼팽 피아노 협주곡 1번'
폴린

앞선 질문을 포토그래퍼에게도 물었다. 얼마 전, 피아니스트 조성진이 폴란드 바르샤바에서 열린 콩쿠르에서 연주한 이 곡을 인상 깊게 들었다고 하자 박수원 선생은 같은 곡을 연주한 다른 음악가의 노래를 들려주었다. 요즘 주로 쓰이는 디지털 대신 아날로그 기계 중 하나인 진공관 앰프로 듣자 연주자들을 눈앞에 둔 듯, 음악이 보다 생생하게 느껴졌다.

'Jewels Of Song'
베니아미노 질리

아침저녁으로 선선한 바람이 부는 이 계절과 잘 어울리는 곡을 추천해 달라고 부탁했다. 잠시 고민하던 박수원 선생은 이문세의 '광화문 연가'와 더불어 이 곡을 골랐다. 테너인 베니아미노 질리는 이태리 오페라를 중심으로 다양한 곡을 소화해 내며 명가수로 손꼽히는 인물.

당신은 어디에 살고 있나요?

지역의 사생활 99

에디터 이명주
자료 제공 삐약삐약북스
사진 군산 마음한장

우리는 일 년에 한 번씩 낯선 도시로 떠나고, 올해는 대구였다. 백지처럼
아무것도 쓰이지 않은 도시의 빈 모습을 머릿속에서 마주해야 할 때면, 나는 포털
사이트도 소셜 미디어도 아닌 만화책을 먼저 펼쳤다. 출판사 '삐약삐약북스'는
'지역의 사생활 99'라는 이름으로 비수도권 지역을 주제로 한 만화 시리즈를
출간해 왔다. 도시 하나를 정해, 만화가가 사적인 상상력을 발휘하며 만들어낸
이야기는 유달리 들떠 있진 않다. 되려 담백하고 간결하며 한편으로는 쓸쓸하지.
그렇기에 낯선 도시와의 첫인사를 그 책으로 나누곤 했다. 어디에 살고 어디로
향하든, 우리는 보통의 나날들을 보낼 테고 그 안에서 한 꼬집의 특별함이라도
발견한다면 도시를 향한 애정이 자라난다는 걸 알려주었으니까. 우리가 사는
터전을 단편 이야기로 마주하는 지역의 사생활 99, 그 책장을 슬며시 펼쳐둔다.

사적인 상상으로 보는 내가 사는 곳

프로젝트의 이름은 아홉 개의 지역에서 아홉 명의 만화가가 아홉 권의 만화책으로 도시를 소개한다는 의미를 담았다. 우리가 보는 웹툰이나 영화, 드라마에서는 이야기의 배경을 콕 짚어 말하지 않으면 대부분 서울, 수도권을 가리킨다. 삐약삐약북스는 "한국 사람들의 절반은 수도권에 살고 있지만 절반은 수도권 바깥에 살고 있다."며 "바깥에 사는 사람들의 이야기"를 조명하고 싶었다고. 2020년 8월부터 2021년 8월까지 만화 아홉 권이 프로젝트의 품 안에서 처음 출간되었는데, 독자들의 열렬한 사랑을 받아 현재는 시즌 2, 3과 특별판까지 포함하여 총 스물여덟 개의 지역이 이야기로 남았다. 같은 프로젝트라도 장르와 스타일이 다양한 작가들이 모였기에, 사적인 상상과 현실을 넘나들며 도시를 맛보는 즐거움을 선물한다. 프로젝트의 시작을 알린 첫 번째 시즌의 책들을 소개한다.

고성 | 알프스 스키장 | 정원
알프스 스키장에 버려진 듯 보이는 개를
구조하기 위해 민재는 헤어진 연인에게
전화한다.

공주 | 4공주 | 북구플랜빵
공주 백제문화제를 즐기기 위해 모인
네 명의 친구들이 하룻밤을 보내며 어른이
된 모습을 상상한다.

광주 | 용도락/광주 식도락 투어 | 작은비버
용이 사람과 섞여 살게 된 세상. 민서는
고조할머니로부터 용의 휴가를 함께
해달라는 부탁을 받는다.

군산 | 해망굴 도깨비 | 불친
해망굴에서 울고 있던 주인공에게 다가온
어린아이. 군산의 원도심을 함께 배회하며
어쩌면 좋을지 고민한다.

**단양 | 가만히 있어도 사라지지 않는 것 |
불키드**
오랜만에 단양으로 돌아온 도이는 많이
변한 고향의 모습에 당황한다.

담양 | 1-41 | 김래현
키 번호 1번 송연과 41번 유진은 둘도
없는 친구 사이. 10년 후, 담양으로
출장을 간 유진은 송연을 우연히 만난다.

대구 | 달구벌 방랑 | 근하
서울에서의 가난한 생활을 뒤로하고
막연하게 대구로 온 제이와 이현. 곧
대구를 떠나고픈 마음도 피어오른다.

부산 | 비와 유영 | 산호
부산광역시 광안리 바다에서 마주친
인어와 인간의 이야기. 일상적인 바다가
환상적인 만남의 공간으로 탈바꿈한다.

충주 | 여름방학의 끝에서 | 고형주
경원은 충주에 사는 지현한테서 이곳에
머물러 달라는 부탁을 받는다. 고민하는
이 마음은 동정일까, 우정일까?

분명히 존재하는 세상으로
소리 내는 이들

불친, 불키드 삐약삐약북스 공동대표

삐약삐약북스와 두 분에 대해 소개해 주세요.
불친과 불키드, 두 사람이 전라북도 군산에서 꾸려나가는
만화 전문 출판사입니다. 귀여움의 힘은 강하고
오래간다는 생각에 '삐약삐약'이라는 단어를 출판사
이름에 넣었는데, 덕분에 어린이책 출판사로 오해받는
일이 종종 있답니다(웃음). '불친'은 모든 사람에게
사랑받으려 애쓰지 말자는 뜻으로, '불키드'는 아내 불친의
닉네임 앞 글자를 따서 지은 이름이에요. 둘 다 웹툰
작가로 활동했습니다.

**지역에 대한 관심으로 '지역의 사생활 99' 프로젝트가
시작된 게 아닐까 싶어요.**
군산에 정착하면서 수도권과 그 외 지역의 격차를 몸소
느꼈습니다. 문화적 경험과 배울 수 있는 기회의 차이뿐
아니라 서울을 중심으로 보도되는 뉴스와 미디어를 볼
때마다요. 우리가 사는 곳을 다루는 콘텐츠는 없을까
생각했고, 단순히 여행이나 홍보 목적이 아닌 현지에
거주하는 사람들이 무얼 먹고 어떤 곳에서 누굴 만나는지
다뤄보고 싶었어요. 먼저 둘이 머리를 맞대고 작가를
선정하는데, 반드시 지역에 연고를 두어야 하는 건 아니고
깊은 애정을 가진 지역이 있다면 가능합니다. 지역에 대한
이해와 사랑이 깊을 때 더 좋은 작품이 나온다고 믿거든요.

즉, 지역 선택은 출판사가 아닌 작가에게 달린 거죠.

**책을 읽을 때 인상 깊게 남았던 부분이 있어요. 표지는
지역별로 다른 컬러를 사용하고, 시작에는 언제나 도시
이름의 유래와 응급실 숫자를 기록해 두셨죠. 특별한
이유가 있나요?**
먼저 표지 디자인의 경우, '해외처럼 먼 지역'이라는
콘셉트로 국제 우편 봉투의 빗금 디자인을 테두리에
차용했어요. 각 도시의 개성과 분위기를 시각적으로
표현하려는 의도로 지역마다 표지 컬러가 다른데,
독자들이 책을 접했을 때 표지에서부터 지역의 독특한
정체성과 분위기를 느낄 수 있습니다. 그리고 도입부에
도시 이름의 유래, 교통, 경제 등의 정보를 한 페이지에
압축해서 넣어두었죠. 응급실 숫자를 기록한 건 정보
제공을 넘어, 발전 수준과 생활의 질을 간접적으로
보여주기 위함입니다. 예를 들어 서울에는 현재 50여
곳의 응급실이 있다지만, 충북 단양은 2013년만 해도
도시에 응급실이 단 한 곳도 없었어요. 격차를 드러내는
중요한 정보죠. 두 번째 시즌부터는 유아차나 휠체어가
필요한 독자들을 위해 '바퀴로 갈 수 있는 곳' 코너도
만들어두었어요. 누구나, 어디든 갈 수 있는 세상이 되길
바라면서요.

작품 말미에는 언제나 삐약삐약북스와 작가가 나눈 인터뷰가 담겨요.
만화가라는 직종은 어쩐지 다른 장르의 작가님들과 비교했을 때 인터뷰가 상대적으로 적은 것 같아요. 만화 독자분들이 그간 가졌을 갈증을 긴 인터뷰 코너를 통해 풀어내고 싶었습니다. 작가의 의도, 작업 과정, 지역에 대한 생각과 즐겨 찾는 장소 등을 직접 들을 기회를 마련한 거죠. 이를 통해 독자들은 만화를 단순히 소비하는 게 아니라, 창작자의 관점에서 작품과 도시를 재해석해 보는 경험을 할 수 있을 거예요.

《AROUND》 주제가 대구이니만큼, '대구' 편 작업에서 근하 작가와의 기억에 남는 에피소드가 있다면 들려주세요.
근하 작가가 첫 샘플 원고를 송고해 주었을 때, 인물들의 머리칼 한 올, 배경 속 풀 한 가닥마저 정성을 다해 그린 걸 보고서 깜짝 놀란 기억이 나요. 거기다 '달구벌 방랑'이라는 만화 제목에 대해, "달구벌은 우리 고장 '대구' 지역을 이르던 말입니다."라고 첨언해 주었는데, '우리 고장'이라는 단어가 마음에 와닿아서 한 번 더 감동받기도 했죠. 지역의 사생활 99의 만화는 중·단편이라 넓은 범위의 이야기를 다루기 어려운데요. 근하 작가는 수성못, 동성로, 대명동, 만촌동 등 대구를 동으로 분류해서 보다 넓은 시야로 이야기를 꾸려나갔어요. 저희에게도 뜻깊은 작업이었습니다.

도시가 주제지만, 주인공은 아니라는 생각을 했어요. 지역 예찬이나 정보를 부각하는 대신 스토리와 캐릭터 간의 관계가 중요하게 다뤄지는 듯해서요.
단순히 지역 예찬이나 정보 제공에 초점을 맞추면, 이야기가 딱딱해지거나 단순한 홍보물처럼 느껴지고 말 거예요. 반면에 스토리와 캐릭터 간의 관계를 중요하게 다룬다면, 지역의 특성과 분위기를 자연스레 드러내면서도 독자들에게 지역을 더 깊이 이해할 수 있는 바탕이 되어주겠죠. 저희는 지역에 깃든 다양한 이야기와 인물상을 그려나가는 이 프로젝트가 그 지역을 경험해 본 이들에게는 공감과 반가움을, 낯설게 느끼는 이들에게는 새로운 시각을 제공하는 작품이라 생각해요.

도시에는 밝은 면만 존재하지 않기에 이면이 보이기도 해요. 예를 들어 '부산' 편의 쓰레기가 널린 바다, '군산' 편의 사회적 약자들의 희생에 대한 기록처럼요.
맞습니다. '군산' 편은 불친이 직접 쓰고 그렸어요. 처음에는 적산가옥을 배경으로 펼쳐지는 로맨스물을 기획했다면, 완성작은 대명동 화재 사건과 개복동 화재

사건을 통해 '성매매 특별법'이 제정된 것을 배경으로 삼았죠. 지역을 보여줄 때 무엇이 대표성이 되어야 할지에 대해 깊게 고민하고 공부하곤 합니다. 굳이 안 좋은 이야기를 들춰낸다며 아쉬움을 토로하는 분들도 있지만, 이왕이면 관심이 부족한 곳에 힘이 되고 싶어요. 다양한 목소리와 이야기를 발굴하고 표현할 수 있는 방향으로 나아가려고요.

잘 보이지 않아도 분명히 존재하는 세상을 위해 목소리를 내는 거네요. 만화라는 장르는 어떤 매력이 있나요?
콘텐츠 중에서 정보를 만화만큼 쉽고 재미있게 전달할 수 있는 매체는 거의 없다고 생각해요. 무엇보다도 칸과 칸 사이의 여백을 통해 그 사이를 상상할 수 있는 즐거움이 있지요. 상상을 하며 독자는 이야기에 더욱 몰입하게 되고, 어린아이부터 노년까지 모든 세대 독자들의 추억과 사랑을 한 몸에 받는답니다. 창작자의 시선에서는 작은 규모로 해낼 수 있다는 것도 큰 매력이에요. 굶어 죽지 않는 한(웃음), 타협하지 않아도 되는 자유도 높은 직업이랄까요.

이외에도 삐약삐약북스에서는 다양한 주제 아래 만화 시리즈를 선보이고 있어요. 간단히 소개해 주실래요?
지역의 사생활 99 이후로 한국의 인디 음악 신을 만화로 조명하는 '음악의 사생활 99'를 발표했고, 올해는 청소년들의 고민과 현실을 다룬 이야기 '대운동회 2024'를 제작 중입니다. 그간 여러 어려움이 있었지만 지역을 다룬 이야기를 만드는 일에 사명감이 생겨서 지역의 사생활 99 네 번째 시즌을 위한 시동도 걸고 있고요. 삐약삐약북스는 앞으로도 이야기가 필요한 곳이라면 관심을 갖고 만화를 그려 나갈 거예요.

백화점 앞 횡단보도 주변은
전도하는 이들과
흡연인들의 차지였고

백화점 옆 동대구역과
이어진 광장은 바삐
움직이는 사람들로 수선스러웠다.

다들
어디가는
걸까.
우리처럼
이사오는
사람도 있을걸.

이현이 왜 대구에
정착하고 싶어했는지

그날 오후가
되어서야
깨달았다.

이제 정말
봄이다.

이현은 수도권에서의
기억과 관계들로부터
떠나고 싶어했다.

그가 겪었던
비루한 사건과 인연 몇 가지를
나는 알고 있었다.

그리고 그건
나 역시
마찬가지였다.

우리
사진 찍자.
그래.

그리고 언젠가는
대구 또한
불편해지겠지.

분명 그럴 것이었다.

대구에서의
고유한 기억들을
떠올리고
괴로워하겠지.

만촌동 편 끝.

만화가 근하와의 짧은 대화

**오래전부터 대구에 관한 이야기를 하고 싶다고
생각했는지 궁금합니다.**
지역성이 자연스럽게 드러나는 대사를 써보고 싶다는
욕구가 항상 있었어요. 예를 들어 "홍대에서 만나.",
"서울대 앞에서 봐."처럼, 수도권에서 머무는 사람들에게
익숙한 대사가 나오는 작품들처럼요. 이번 작업을 하며
저한테 익숙한 공간을 자연스럽게 보여주는 연출을 할 수
있어 재밌었습니다.

작가님께 대구라는 지역은 어떤 곳인가요?
저는 20대 초·중반을 대구에서 보냈어요. 아마 앞으로도
그럴 것이고요. 그렇기 때문에 좋고 나쁜 기억이 대구와
동반해서 자주 떠올라요. 대구에서 만난 사람과 곳곳에서
겪은 특정한 기억들로 이 지역에 애증을 느낀다고 해야
할까요…. (후략)

**달구벌은 과거 대구 지역을 이르던 말로 넓은 평야,
큰 마을(부락), 큰 성이라는 뜻이죠. 만화 제목을 '달구벌
방랑'이라 지은 계기가 있나요?**
심혈을 기울여 만든 제목이 아니라서 민망합니다. 이번 책
제목에 '방랑'이라는 단어를 꼭 쓰고 싶었어요. 계속해서

이동하는 인물에게 어울리는 단어라고 생각했거든요.
그런데 '방랑'에 어울리는 단어가 몇 없는 거예요. '대구
방랑', '대구를 방랑하는 자들'도 참 이상하고 어색하게
느껴졌고…. 그러다가 달구벌이 떠올랐고, 이 두 단어를
붙여서 제목을 짓게 되었습니다.

**지역에서 만화가로 활동한다는 것, 그리고 개선되었으면
하는 점에 대해 듣고 싶어요.**
온라인으로도 많은 일 처리가 가능한 시대이고 저는
방구석에서 거의 모든 작업을 소화합니다. 하지만 제가
물리적으로 '지역'에 위치해 있기 때문에 생기는 어떤
소외된 감각이 지속적으로 드는 건 어쩔 수 없는 것
같아요. 아무도 '지역'에 관심이 없어요. 수도권뿐만
아니라 지방에서도 다양한 작업을 하는 창작자가
존재합니다. (중략) 지방에서 이뤄지는 어떤 노력들이
있다는 걸 알아주셨으면 좋겠어요. 이 고민 또한
현재진행형이라, 어떻게 답해도 부족할 것 같습니다.

—〈지역의 사생활 99〉 '대구 : 달구벌 방랑' 중
'만촌동' 편, 삐약삐약북스와의 인터뷰 일부 발췌

나에게 대구는

우리가 간직한 이 도시의 한 장면을 꺼내 봅니다.

글·사진 강서현, 김민지, 장혜진, 차의진, 호재

환대의 도시

차의진
어라운드 에디터

동대구역은 이곳에 난생처음 와본 이방인에게 말을 걸었습니다. 잘 왔어요. 대구의
면면을 마음껏 둘러보고 가세요. 눈앞에 펼쳐진 거대한 도시가 어떤 이야기를
품었을지 그려보며 설레는 마음으로 택시에 올랐습니다. 가는 곳마다 환영과 미소를
한 아름 받았어요. 며칠간 거처가 되어줄 집과 드넓은 자연, 고유한 빛을 품은
얼굴들과 마음을 나눴습니다. 원래 꼭 맞았던 조각처럼 저와 대구가 맞물리는 듯한
날들을 보냈고요. 다시 열차에 오르던 날 동대구역이 다시 말을 건넸습니다.
이곳 참 좋았지요? 곧 다시 만나요. 잘 지내요.

돌아갈 구석

강서현

웹매거진
'아워익스프레스' 에디터

늘 갑갑하다고 여겼어요. 제게 대구는 안전한 동시에 벗어나고 싶은 존재였고,
그 안에서 보는 세상이 내 삶의 전부가 아니기를 줄곧 바랐습니다. 만촌동 사거리를
가로지르며 피고 지는 꽃들에 감각을 기울이곤 했습니다. 그럼에도 늘 반복되는
제자리걸음이 지겨웠어요. 유일하게 언제든 돌아갈 수 있는 구석이자 기억인 줄도
모르고요. 그렇게 바라오던 역동적인 삶을 살아가고 있는 지금, 마음이 적적하고
부유한 날이면 대구의 후덥지근한 공기 속에서 호흡하는 상상을 합니다. 아마도
분지에서 나고 자라온 덕에, 변화무쌍한 여름을 견디는 법을 깊숙이 익힐 수 있었나
봐요.

함께 살아가는 곳

장혜진

포토그래퍼·사진책 서점
'낫온리북스' 운영자

경상도 사투리에 서울말이 조금 묻은, 그래서 대구에서는 제게 서울에서 왔냐
묻고 서울에서는 경상도 출신임을 금세 들키곤 해요. 경북의 시골 마을에서 태어나
서울을 거쳐 대구에서 살아가기를 선택한 게 2019년이니 벌써 6년 차 대구 시민이
되었어요. 지도 앱에서 검색해도 나오지 않는 팔현습지는 대구 토박이라도 드물게
아는 장소입니다. 왕버들숲이 만들어 주는 너른 그늘과 흐르는 대로 바라보기 좋은
금호강이 있는 곳. 여름과 겨울이면 멀리에서 찾아오는 새들이 덩굴 식물과 자연스레
함께 살아가는 팔현습지는 저와 친구들, 그리고 동료들을 잇고 공존하는 삶을 깨닫는
곳이기도 해요.

평범한 도시

호재

문학 전문 중고서점
'북셀러' 운영자

대구. 저는 이 도시의 이름을 되뇌면 평범함을 느껴요. 때론 좋았다가 때론 보기도 싫어서 고개를 획 돌리고야 마는 거울 속의 나 자신을 들여다보는 것처럼 말이에요. 그런데 팬데믹 이후 그 평범함이란 것이 얼마나 소중한지 깨닫게 되었습니다. 일상의 소중함을 잃고서야 그 소중함을 비로소 알게 되었듯 이 도시의 평범함이란 오랜 기간 도시가 흥망성쇠를 겪으며 다져온 안정감이고 힘이라고 생각해요. 저는 매일 평범한 대구의 평범한 길을 걷습니다. 그러다 가끔 평범한 도시 속에서 조그마한 진실 혹은 아름다움을 마주하곤 합니다. 그럴 때는 씽긋 웃음이 납니다. 따뜻한 햇살이 머리 위로 내리쬐고 있습니다.

멈춰있고 동시에 흐른다

김민지

도예가·세라믹 스튜디오
'사이에 포터리' 운영자

시골로 떠나기 전 살았던 유년시절의 작은 주택. 그곳으로 28살, 잠깐 다시
돌아갔어요. 어디를 둘러보아도 크레인이 보이는 요즘, 대구의 무분별한 개발은
이 집 또한 관통하게 되어 개발 전에 꼭 다시 살아보고 싶었어요. 동생들과 지금의
남편이 자주 함께 했지요. 20대의 초중반 다른 지역에서의 경험들은 나를 다시
대구로, 가족들에게로 돌아오게 만들었어요. 적당히 갖춰지고 붐비는 도시, 가족들이
있는 곳으로요. 하늘색 타일과 작은 옥상, 오래된 이불, 20년이 다되어가는 조명이
있던 오랜 집은 곧 사라지고 높은 콘크리트가 빼곡하게 들어서겠죠. 변화해야 할
것들이 정체되어 있고, 지켜져야 할 것들이 변화하는 것 같아 애석해요.

Movie

장면으로 흐르는 이야기

대구에 머무른 장면

Where Is My Home?
비빌 언덕을 찾는 이들

유지영—영화감독

에디터 이명주
포토그래퍼 강현욱

우리는 일생이라는 긴 길을 걷는다. 걸음은 쉬이 멈추는 법이 없는데 끝내 무엇과 닿을지는 오리무중이다. 저벅저벅 내딛기만 하던 일생에 감독 유지영은 영화로 물음표를 남겨둔다. 〈수성못〉(2017)에서 살거나 죽기 위해 열심인 '희정'과 '영목', 〈나의 피투성이 연인〉(2022)에서 각자의 우선순위를 따라 맹렬하게 어긋나는 '재이'와 '건우'도 삶 어딘가에서 물음을 마주했던 자신의 모습이 투영됐다.
감독의 집에서 만난 우리는 삶에서 마음 둘 곳이 어디인지에 대해 긴 이야기를 나눴다. 그 끝에 유지영은 나에게 말했다. "대구에서 도움이 필요한 일이 있다면 언제든 연락 주세요. 제가 아는 사람이 될게요." 나긋한 목소리로 전해진 진심을 나는 덥석 붙잡았다. 생경한 얼굴을 한 이 도시에 비빌 언덕이 생긴 순간이었다.

늘 내 자리가 어딘지 고민해요.
물리적으로 어디에 있느냐도 중요하지만,
우리가 흔히 마음 둘 곳 없다는 말을 하는 것처럼
내 마음을 어디에 안착해서 살아갈지 끊임없이 생각하고 싶어요.

못인 줄 모르던 오리

길을 헤맸는데 마중 나와주셔서 감사해요.
아니에요. 여기까지 와주셨는걸요. 시원한 걸 드릴게요.
커피 괜찮으세요?

**좋아요. 올여름 대구도 많이 더웠죠? 이제는 좀 선선해진
거 같네요.**
무척 더웠죠. 여름이 끝나갈 즈음엔 대낮에 비 한 번 내리더니
점점 시원해지더라고요. 아, 먼저 소개를 해야 할까요?
저는 대구에 살면서 영화를 만들고 시나리오도 직접 쓰고
연출하는 유지영입니다. 오늘은 늦게까지 자다 일어났어요.
보통은 열한 시 되면 눕고 일고여덟 시쯤에 일어나는데, 요즘
잠을 잘 못 이뤘더니 새벽에 잠드는 일이 많아서요.

그럴수록 피곤할 텐데, 오늘 컨디션은 어때요?
괜찮아요(웃음). 집에는 저와 고양이들이 살아요. 열 살인
쿤과 여름, 다섯 살인 리지, 이렇게 세 마리인데 전부 새끼
때 길에서 구조했어요. 한번 보실래요? (침실로 안내한다.)
저기 침대 위에 있는 친구는 쿤이고, 여름이와 리지는 저를
제외한 모든 사람을 무척 경계해서 이불 속에 숨어 있어요.
그동안 집에 온 사람 그 누구도, 심지어 우리 엄마도
저 둘을 못 봤으니까 오늘 만나기는 힘들지 않을까….

**오늘은 쿤이랑만 인사를 나눌게요. 그런데 쿤이는
옛날로 표현하면 장군감 같달까요(웃음).**
키도 크고 덩치도 크죠? 병원 가서 주사 맞을 때마다
의사 선생님이 다리가 근육질이라면서 칭찬해 주세요. 제
친구들은 쿤이가 전국은 몰라도 아마 대구에서는 가장 큰
고양이일 거라며 우스갯소리를 하고요. 가장 먼저 집에
온 첫째라 혼자 사랑을 듬뿍 받아서인지, 어떤 사람이
와도 좋아하고 의젓해요. 여름이와 리지한테 화장실 가는
법처럼 고양이다운 행동도 잘 가르쳐줘서 그 둘이 쿤이를
무척 따라요. 리지는 '껌딱지' 수준이라, 쿤이가 같이

먹어야지만 밥을 먹는데 그 바람에 쿤이가 더 살찌고 있죠.
여름이는 10년 전 7월, 한창 더운 계절에 본가에 버려진
새끼 고양이가 있다고 해서 어렵게 구조한 친구고요.
리지는 개구쟁이에 제멋대로인 성격이라 당시에 만나던
남자친구가 '리틀지영'이라면서 붙인 이름이에요. '리지
보든 살인사건'으로 유명한 여성 살인마를 다룬 영화도
좋아해서 마음에 들었어요.

**식구들 소개까지 잘 들었어요. 이야기를 나누기 전,
감독님 근황을 찾아보다 노트북이 폭발했다는 걸 알게
됐어요. 제 앞에 놓인 건 새 노트북인가요?**
맞아요. 7년 가까이 쓰던 노트북인데 글을 쓰거나 웹서핑
정도 하는 거라 크게 고장 날 일이 없었어요. 그런데
영화 속 한 장면처럼 갑자기 노트북이 막 뜨거워지기
시작하니까 어쩔 줄을 모르겠더라고요. 들고 복도까지
나갔는데 그러다 불이 나면 건물이 다 타버릴 것 같은
상상이 들어서 다시 집으로 들어왔어요. 그 와중에
노트북은 부풀어서 완전히 타버렸죠. 그 안에 작업이 다
있는데 복구도 전혀 안 된다고 하고요.

(이마를 짚는다.) 아, 생각만 해도….
그간의 시간을 날렸다고 하면 너무나 허망하고 속상할
것 같아서 잊어버렸다고 생각하거나, 잠시 기억상실증에
걸렸다가 깨어났다고 생각해요(웃음). 그때 위안이 된 말도
들었는데요. 제 최근작인 〈나의 피투성이 연인〉의 타이틀은
돌아가신 정미경 작가님의 소설에서 따온 거예요. 제목을
쓰기 위해 허락받을 때 남편 김병종 화백님과 통화를
했는데, 정미경 작가님도 10년 동안 쓴 글을 하루아침에
날린 적이 있대요. 너무나, 정말 너무나 힘들어하셨는데
결국은 다시 글을 쓰기 시작했다면서요. 영화를 개봉할
때쯤 저에게 그런 일이 벌어졌는데, 그 영화의 제목을
안겨주신 작가님 또한 같은 일을 겪었다고 하니까

큰 위안이 됐어요. 결국엔 다시 썼다는 이야기를 듣지
않았다면 무척 괴로웠을 거예요.

**올해 대구단편영화제에서 본심위원으로 활약했는데
그 소회를 듣고 싶어요.**
본심위원은 저를 포함해서 총 세 명인데요. 예심작 40편
정도에서 경쟁 부분의 대상과 우수상, 애플 시네마 부문(대구,
경북에서 만들어진 영화로 지역 경쟁 부분을 의미)의 대상과
우수상을 뽑는 역할이에요. 단편 심사는 거의 2년 만에
하는데, 20-30대가 선호하는 영화 경향을 읽을 수 있는
재미가 있어요. 최근에는 레트로라는 문화가 부흥하다
보니 1990년대, 2000년대를 소재로 둔 것도 곧잘
보이던데요. 예를 들면 화면 비율이 4 대 3이라든가,
핸디캠으로 찍거나 또는 핸디캠으로 찍지 않았는데 후반
작업으로 비슷하게 만든 것도 많았어요. 거친 필름의
느낌이 이와이 슌지 감독의 뉘앙스가 느껴진달까요.

그 외에도 인상 깊은 부분이 있었나요?
이건 특이하다고 말해야 할지, 아쉽다고 해야 할지
모르겠지만 '퀴어' 소재물을 찾기 어려웠어요. 항상
존재하던 것들이 왜 갑자기 사라졌을까, 그 안에 어떤
단절이 있을까 고민하게 됐죠. 조심스레 그 답을 예상해
보자면, 나 자신에 대한 검열이 심해졌기 때문 아닐까 해요.
당사자성이라는 게 있잖아요. 예전에는 내가 당사자가
아니더라도 그 세계를 상상하고 의미를 도출해 내곤
했어요. 물론 당사자들이 활발하게 이야기를 풀어두는
경우도 많았고요. 시간이 흐를수록 자신이 다른 이들에게
어떻게 보일지에 대한 검열, 나아가 본의 아닌 아웃팅의
대상이 될 수 있다는 위험까지 안다 보니 이런 소재가
사라져버린 것 같아요. 당사자여도 어려운 이야기라
당사자가 아닌 사람들이 하기에는 더 쉽지 않은 거죠.

창작물을 통해 창작자가 어떤 사람인지 규정되곤 하니까요.
다양한 말을 꺼내지 못하고, 내가 창작물을 통해 어떻게
보일지 고민하는 게 좋은 자세인지는 모르겠어요. 또
자신에 대한 검열은 이런 이유도 있을 텐데요. 세상에
정보가 쏟아지잖아요. 인간관계 잘하는 법, '손절'당하지
않는 법, 아픈 사람 도와주는 법, 미운 사람 되지 않는 법….
유튜브나 SNS만 봐도 이럴 땐 저렇게, 저럴 땐 이렇게
하라는 지식이 넘쳐나고 '나중에 볼 영상'으로 저장해
두고요. 그렇다 보니까 내가 무언가에 대해 말하기에는
공부가 덜 된 것 아닐까, 정확하게 모르는 것 같은데 그냥
꺼내지 않는 게 낫겠다 생각하게 되죠. 자신이 잘 모르는
부분에 대해 위축되고 두려움이 많아지는 건 같은 행동을
하는 타인에게 좀더 엄격해지는 이유이기도 해요.

**저는 그간 어떤 말을 하고, 하지 않았는지를 돌아보게
되네요. 도시 이름이 붙은 지역 영화제가 열리다 보니
대구의 창작 생태계가 궁금했어요. 보통 영화인으로서의
입문은 어떻게 해요?**
대구 대학에는 영화 전공 학과가 없어요. 제가 계명대학교
시각디자인과를 다닐 때만 해도 연극영화과가 있었는데,
2학년이 되는 해에 영화과는 사라지고 연극과가 예체능이
아닌 신문방송학과와 통합되어 버렸죠. 이후에 대구에서
영화를 만드는 선배 감독님들을 따라 스태프로 참여하면서
자생적으로 영화계가 만들어졌어요. 지금도 영화과가 없는
건 여전하지만 영화학교가 있고, 대구영상미디어센터에서
단편 영화 제작 워크숍을 통해 배울 수 있죠. 동료애가
끈끈한 편이라 서로 작품을 만들 때 품앗이를 해요.
감독이나 연출하는 친구들이 다른 작품에선 미술 감독이
되거나 마이크봉을 들기도 하는데, 촬영할 때 "컷!" 하면
각자 할 일을 안 하고 전부 모니터로 모여들어요(웃음).

**사공이 많은 현장이겠어요(웃음). 감독님은 어떤 계기로
영화를 만들고 싶었어요?**
관심 있던 전공이 아니라 그냥저냥 학교를 다니다가 '영상
예술의 이해'라는 교양 수업을 듣게 됐죠. 70명 정도
되는 사람들 중 네다섯 명씩 팀을 나눠서 10분짜리 단편
영화를 하나 만들어야 했는데요. 운이 나쁜 건지 좋은
건지, 팀원들이 하나도 열심히 안 하는 거예요. 결국 제가
시나리오 쓰고 캐스팅도 하고 촬영 콘티에 카메라까지
준비했어요. 저도 다 처음 해보는 거니까 촬영 때만 와서
도와달라고 부탁하고요. 그런데 그 모든 게 재밌더라고요.
이후에는 당시에 있던 연극영화과 수업 들으면서 영화가
내 길일지도 모른다는 생각이 들어서 자퇴하고 홍익대
세종캠퍼스로 편입했죠.

**원래부터 영화에 관심이 많았어요? 보는 걸
좋아하거나요.**
음, 편입을 준비하던 1년 반 동안이 제대로 영화를 본
시기예요. 명작과 감독 리스트를 만들어서 공부하듯이
봤거든요. 아침 아홉 시부터 정오까지 영화 관련 책을 읽고
정오부터 네 시까지 글을 쓰고, 그 이후에는 영화를 본 후
정리하는 걸 1년 반 동안 하루도 빼놓지 않았어요. 영화를
만들고 싶었으니까 절박하게 했죠. 창작을 하는 데 영향을
준 건 제 이모라고 생각해요.

이모는 어떤 분이셨는데요?
국어 선생님이셨는데 이모네 놀러 가면 시집도 많고 늘
턴테이블에서 음악이 흘러나왔어요. 거기서 음악을 들으며
시집을 읽었죠. 학생 때는 시험에 나오는 문학을 공부해야

하잖아요. 향토시라든지 목가적인 특징이라든지… 그런 걸 외우기보다 읽으면서 느꼈던 것 같아요. 울컥하면서 눈물이 날 때도 있던 걸 떠올리면 문학적 감수성이 풍부했나 봐요. 글 쓰는 것도 좋아해서 학교에선 책을 읽고, 집에선 툭 튀어나와 있는 옛날 컴퓨터 켜두고 항상 무언가를 썼어요. 지금도 비슷한 일상이고요.

첫 장편 영화 〈수성못〉은 대구가 배경이에요. 더 나은 삶을 꿈꾸며 서울 대학 편입을 준비하는 희정과 죽기 위해 동반 자살 모임을 만드는 영목, 전혀 다른 두 사람은 같은 모습으로 열심이지만 결국 전부 실패로 끝나버리죠. 이 이야기는 어떻게 떠올리게 됐어요?
서른 살에 서울에서 영화 아카데미 1년 정규 과정을 듣고 다시 대구행을 선택했어요. 다른 분들이 절대 내려가면 안 된다고, 가면 영화 못 한다고 만류하셨는데 저는 할 수 있다고 막 웃었거든요. 사실은 서울에 있고 싶었지만, 그럴 만한 여건이 안 됐어요. 이만한 캐리어 끌고 오면서 엄청 울었죠. 한동안은 방황하면서 수성못에 자주 갔는데, 비가 오거나 아침 안개가 끼면 분위기가 좀 묘해져요. 음습한 기운은 아니지만 수상하고 안개 속에 떠 있는 것

같은 비현실적인 기분이 들거든요. 그리고 둥둥 떠다니는 오리배를 보니까 저 같은 거예요. 아무리 열심히 떠다녀도 여기가 못인 건 모르겠지, 절대 나갈 수 없는 건 모르겠지 싶고요. 신이 날 본다면 아등바등 살아도 대구에 갇힌 내 모습이 저 오리 같지 않을까 생각했어요. 그때 저한테는 대구에 발을 딛은 현실이 지긋지긋하게 와닿았기 때문에 오히려 판타지 같은 그때가 좋기도 했어요. 거길 걸으면서 생각했죠. 여기를 배경으로 영화를 써봐야겠다. 유원지에서 일하는 어떤 여자의 이야기를.

스스로 영화를 소개할 때 20대의 자전적인 모습을 담았다고 말하기도 했어요. 희정과 영목 중 감독님은 어느 쪽을 닮은 거예요?
희정과 영목이 분리되어 보이지만 모두 제 안에 있어요. 희정이는 오리배 안전요원으로 근무하면서 목표를 향해 매일 공부하고 운동하며 치열하게 살아요. 깡다구도 있고 하나를 물면 안 놓고 끝까지 달려보는 캐릭터죠. 영목은 밝게 죽음을 얘기하지만 사실은 무기력한 인물일 거예요. 여자친구가 자신보다 먼저 죽은 걸 알고서는 큰 등짝을 숨기려는 듯 공벌레처럼 방구석에만 있잖아요. 열심히

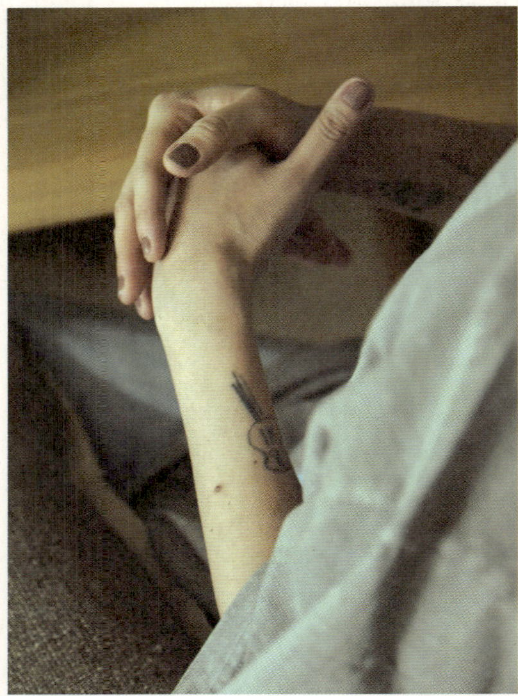

살려는 마음과 삶에서 의미를 찾을 수 없는 마음이 제 안에
공존하기 때문에 20대 때는 늘 마음이 평안하지 않았어요.

**희정과 영목은 결국 자신의 목표를 이루지 못하잖아요.
열심히 해도 실패한다면 어떤 태도로 살아야 할까 질문을
던지는 것 같았어요.**

그게 제가 생각하는 인생이에요. 열심히 해도 실패할
수 있는 것. 그렇기 때문에 인생 별거 있다고 생각하지
않아요. 꼭 이루어야 할 게 있는 것도 아니고, 꼭 해야
할 게 주어진 것도 아니죠. 어찌할 바가 없는 것들에
연연하기보다 오늘 하루를 잘 사는 것밖에 남는 게
없더라고요. 오늘의 할 일을 정해두었다면 그중에서
몇 가지라도, 하다못해 고양이들 놀아주는 거라도 해내면
돼요. 〈수성못〉을 꽤 오래전에 만들었고 처음 만든 영화다
보니 부족한 점이 많은데, 거기에 담긴 삶을 보는 가치관은
지금이랑 변한 게 없어요. 한편으론 저는 아직 성장을 못한
걸지도 모르겠네요.

**희정을 맡아 말간 얼굴로 서슴없이 욕을 하거나 막춤을
추는 이세영 배우가 인상적이었어요.**
세영 씨가 어릴 때 새침하고 서울깍쟁이 같은 역할을 자주
했잖아요. 이 영화에서는 반대 모습을 보여줘도 재밌겠다
싶었어요. 당시에 세영 씨는 연기 대신 대학교를 열심히
다니면서 '에이쁠'을 받던 친구였는데 직접 만나 보니
성격도 털털해서 희정과 닮은 부분이 있다고 확신했죠.
제가 영화에서 사투리를 꼭 쓰지 않아도 되지만 쓴다면
대구 말씨로 정확하게 해야 한다고 말하니까 세영 씨가
해보겠대요. 같은 영화에 출연한 대구 출신 배우를 사투리
선생님으로 붙여 주니, 저와 여자 조감독의 사투리까지
세 가지 버전을 연구할 정도로 열심히 해줬어요. 영화를
보고 사투리가 어색하다고 말하는 분들도 있던데, 그게
진짜 대구 말씨예요.

**미디어에서 과장된 억양이 사투리처럼 쓰이다 보니
오해도 있네요. 그러고 보니 감독님도… 출연하셨죠?**
네. LP바에서 신청곡을 받아 틀어주는 장면으로요. 예산이
넉넉하지 않으니까 스태프들이 작은 역할로 출연했어요.
겹치면 안 되니까 돌아가면서 하는데 그날은 조감독이
제 차례라고 하더라고요(웃음).

**〈수성못〉의 이스터에그를 발견한 기분이라
재밌었어요(웃음). 앞서 말한 20대의 대구는 방황과
고민으로 채워졌는데 지금은 어떤가요?**
이제는 대구를 안전하고 집다운 곳으로 생각해요. 영화를
할 수 있는 환경도 어느 정도 조성되었고요. 지금은 영화
작업으로 서울에 머물러야 할 일도 많은데, 오히려 서울이
더 적응하기 어려운 느낌이에요. 늘 목적을 따라 분주히
움직이니까 아무리 오래 있어도 그 도시에 흠뻑 젖는
느낌을 받을 수가 없어요. 강남, 종로, 연남 어딜 가도요.
단순히 지리적인 문제가 아니라 도시의 분위기가 저랑
안 맞나 봐요.

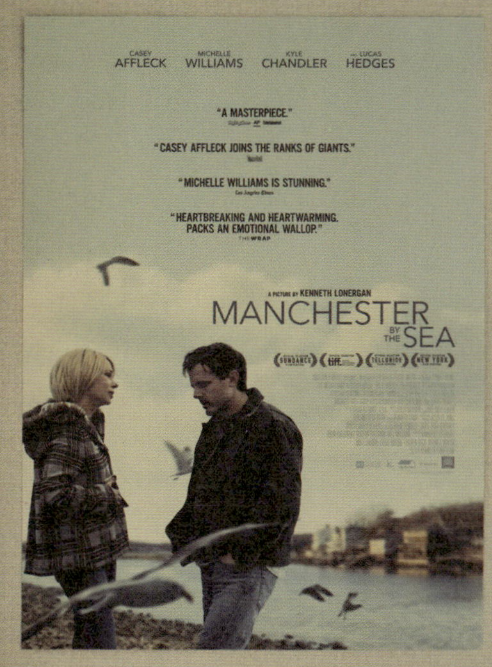

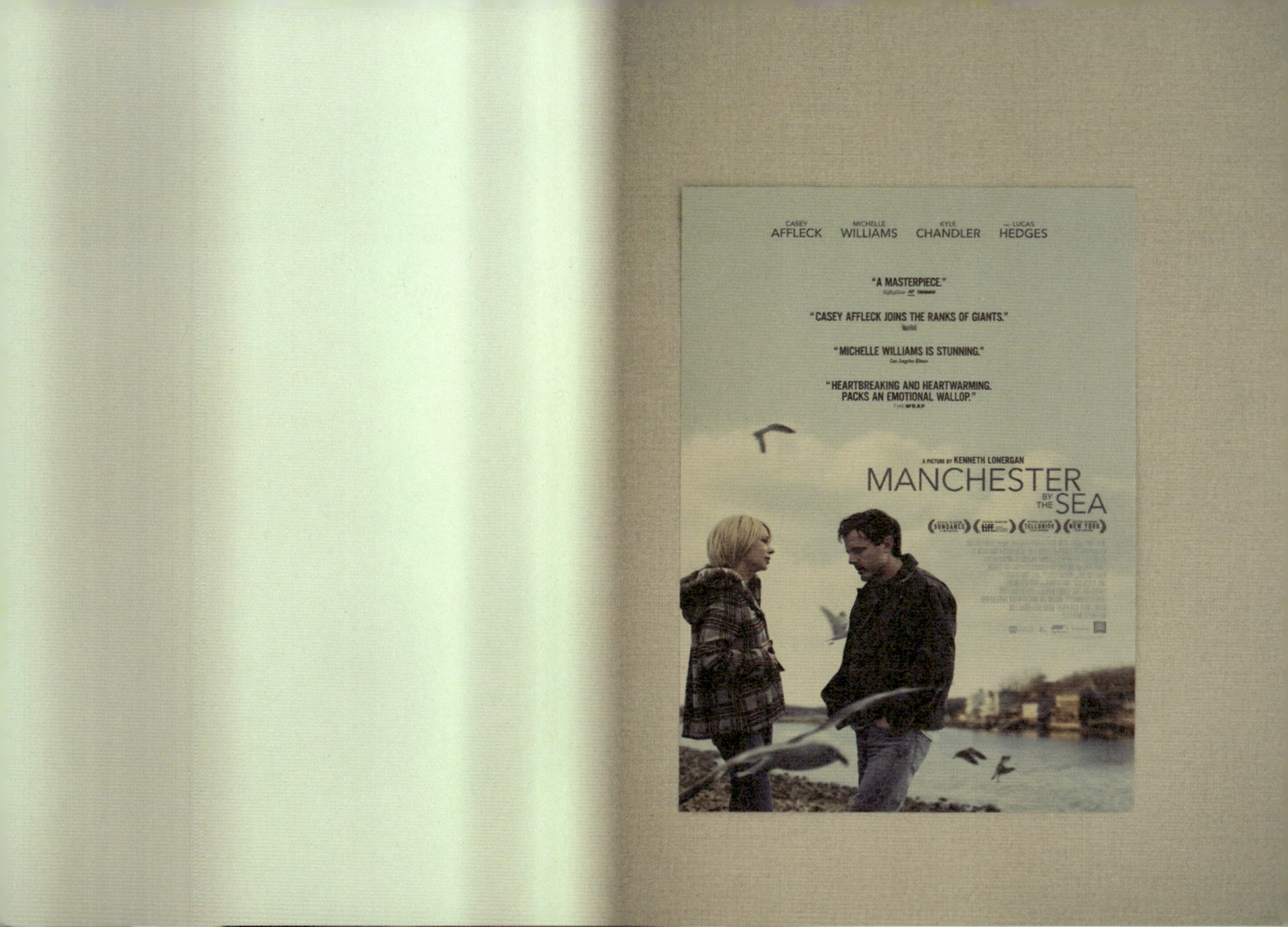
CASEY AFFLECK
MICHELLE WILLIAMS
KYLE CHANDLER
LUCAS HEDGES
"A MASTERPIECE."
"CASEY AFFLECK JOINS THE RANKS OF GIANTS."
"MICHELLE WILLIAMS IS STUNNING."
"HEARTBREAKING AND HEARTWARMING. PACKS AN EMOTIONAL WALLOP."
A PICTURE BY KENNETH LONERGAN
MANCHESTER BY THE SEA

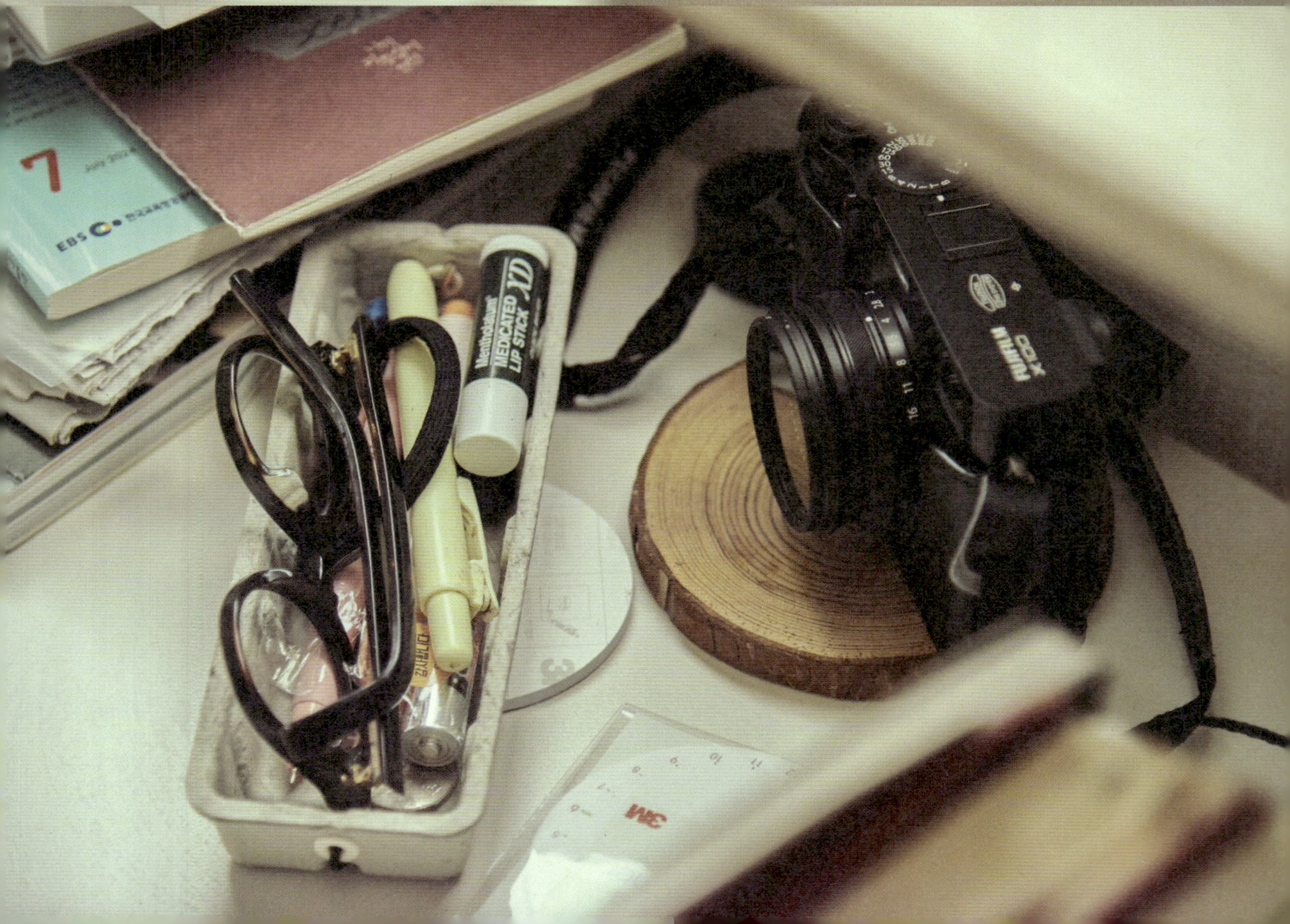
EBS
Mentholatum MEDICATED LIP STICK XD
FUJIFILM X100
3M

오래 따라붙는 이야기

지난해 11월 〈나의 피투성이 연인〉을 선보인 후로 시간이 흘렀잖아요. 지금은 어떤 작업을 하고 있어요?
요즘엔 작업은 내려두고 일상과 마음을 되돌아보면서 혼자만의 시간을 보내고 있어요. 그 영화를 개봉하기까지 4년이 걸렸거든요. 세상에 내보일 때는 당연히 기분 좋고 관객들을 만나니까 반가웠는데, 이후로 인간관계에서 부침이 있는 일들을 겪으면서 내가 어떤 상태인지 다시금 돌아봐야겠더라고요. 처음에는 나를 칼로 찌른 사람을 탓했는데 생각해 보니까 그 칼에 대고 원망한다고 없던 상처가 되는 게 아니었어요. 더 찔릴지도 모르죠. 상대방과 상처에 매달려 있기보다 다른 쪽으로 치유를 해야 했어요.

사람은 타인과 문제가 생겼을 때 되려 자신을 살필 기회가 생기는 것 같아요.
그러게요. 제가 유성호 법의학자를 좋아하는데, 유튜브 채널 '유성호의 데맨톡'에서 사람은 버킷리스트도 중요하지만 일생에서 하지 않을 걸 정하는 '더킷리스트'를 만들어야 한대요. 본인의 첫 번째 리스트는 함께하고 싶지 않은 사람과 일하지 않는 거라면서요. 어쩌면 창작자들의 취약점 같기도 한데, 가치를 만드는 작업이다 보니까 재거나 계산적인 게 어려워요. 일로 다가오는 사람을 한없이 믿을 때도 있어서 고민의 시작이 인간관계였다면 결국 나는 어떤 걸 추구하면서 살아야 하는지에 대한 생각까지 닿더라고요. 마음 정리는 현재진행형이에요.

살면서 꼭 필요한 시간일 거예요. 감독님의 작업 스타일이 궁금한데 시나리오는 어떻게 물꼬를 터요?
예를 들어 제가 A라는 주제를 영화화하고 싶다는 생각이 어렴풋이 들면 관련된 책이나 영화를 찾아보고, 생각을 노트나 아이패드에 써 내려가요. 그게 무르익으면 글로 옮기는데 마인드맵처럼 형식이나 구성에 대한 이미지를 그려보는 거죠. 거기까지 완성되었다면 시나리오는 술술 써져요. 왜냐하면 시나리오는 문학적인 작품성이 필요한 게 아니라, 오해가 없는 글이거든요. 이 글을 바탕으로 모든 스태프와 소통해야 하기 때문에 도면처럼 정확한 치수가 있어야 누가 보든 하나의 건물을 올릴 수 있어요. 글쓰기 양식이나 형식도 고유하기 때문에 단순히 글을 많이 썼다고 시나리오를 잘 쓰는 것도 아니에요.

오해가 없는 글이라는 말이 인상 깊네요. 어느 정도 쓰면 꼭 출력해서 본다고 들었어요.
오래된 습관이에요. 저는 시나리오가 시랑 비슷하다고 생각해요. 소설은 설명이 되는 문장들이 이어지지만 시는 단어나 문장 사이의 간극이 리듬을 만들잖아요. 시나리오도 장소가 바뀔 때마다 '신Scene'이 넘어가는데, 그 리듬감을 느끼기 위해서는 출력해서 보는 게 좋더라고요. 내가 숨기려고 한 것, 보여주려고 한 것들이 만드는 리듬이 와닿아요.

〈나의 피투성이 연인〉에 대해 좀더 이야기하고 싶어요. 주목받는 신인 작가 재이와 학원 강사로 성실히 일하는 건우의 연인 관계가 서로 다른 삶의 우선순위로 뒤틀리는 내용이에요.
함께라는 가치에 대해 고민할 때 쓴 이야기예요. '우리 안에서 나를 지킬 수 있을까, 함께하는 와중에 내가 좀더 나답게 살아도 이 관계가 유지가 될까.'라는 일종의 두려움에서 시작됐죠. 개인적인 이야기를 하자면… 오랫동안 만나면서 결혼을 준비하기 위해 같이 살던 연인이 있었어요. 양가 부모님도 뵙고 가구나 가전도 다 마련해서 살았으니 결혼 생활이나 마찬가지였죠. 저는 방 한 칸을 작업실로 쓰고 남자친구는 매일 똑같은 시간에 출근해서 일하고 퇴근하는데, 자연스레 제가 '집에 있는 사람'이 된 것 같았어요. 그 사람이 퇴근하면 함께 저녁 있는 삶을 보내고 같이 있고 싶으니까 나와 맞지 않는 라이프 스타일이라도 기꺼이 따랐어요. 작업을 하다가도 퇴근 시간에 맞춰서 급하게 청소나 빨래를 하고 저녁을 준비했죠. 누가 시킨 것도 아닌데요. 좋아하기 때문에 참을 수 있던 게 점점 견디기 어려워지면서 스스로 질문을 던지게 되더라고요. 그런 삶을 비난하고 싶은 게 아니라, 나는 함께이기에 타협해야 할 부분들을 받아들일 수 있는 사람인지에 대해서요. 영화를 쓰기 위해 준비하고 고민하다 보면 답도 얻을 수 있을 거라 생각했죠.

한 편의 영화가 자신으로부터 시작되는 경우가 많네요.
독립 영화의 특징 아닐까요? 자본에 대해 자유로우니까 지금 내가 하고 싶은 이야기를 할 수 있어요. 그리고 하고 싶은 이야기는 대부분 내가 겪었고 지나왔던 것들 또는 천착하는 화두에서 비롯되고요. 작업을 통해 떠오르는 질문들 해소하려고 하고, 매듭을 짓다 보면 변화된 나를 보기도 해서 이야기 속에 자신이 빠지려야 빠질 수가 없더라고요. 독립 영화만 하겠다는 의미는 아니지만요.

초반에도 살짝 언급했지만 영화 제목을 정미경 작가의 소설에서 따온 이유가 있다면요?

시나리오를 한창 쓸 때 우연히 김병종 화백님이 아내의
소설인 '나의 피투성이 연인'을 제목으로 쓴 추모글을
읽게 됐어요. 글에는 정미경 작가님이 어떻게 살았는지,
자식들을 키우면서도 작가로서 끊임없이 전투적으로
임한 삶이 기록되어 있어요. 김밥 한 줄, 계란이나 사과를
작업실로 챙겨 가서 먹지도 않고 가져온 적도 많았대요.
아내로서도 작가로서도 너무나 멋있고 존경했다면서요. 그
글을 읽는데 왠지 모르게 힘을 얻어서 작업 내내 책상 위에
올려두다가, 시나리오 단계에서 제목으로 정했어요.

**이 영화에서 감독님은 재이와 더 닮지 않았을까
생각했어요. 집에서 글을 쓰는 작가이고 여성이라서요.**
그럴 거예요. 재이를 창작인으로 설정하고 싶었는데 제가
가장 잘 이해하는 직업이 작가였어요. 재이는 자기가
공들여 쓴 글이라도 별로면 세상에 내놓지 않을 거라고
고지식하게 말하는데 그런 점이 닮았죠. 이상을 추구하는
재이에게 현실에 발을 딱 딛고 사는 건우는 굉장히
매력적으로 보였을 거라고 생각해요. 반대로 건우에게도
재이가 그랬겠죠? 관계의 민낯을 드러낼 트리거가
없었다면 둘은 영원히 잘 지냈을지도 몰라요.

**그 계기가 예상치 못한 임신이에요. 재이는 엄마나 아내
대신 작가로 살고 싶지만, 건우는 아빠이자 남편으로서
가정을 만들고 싶은 바람이 있죠.**
한 화면에 잡히던 두 사람이 그때부터 단절된 숏에서 한
사람씩만 보여요. 서로 다른 욕망을 가졌는데 한 화면에
잡힐 이유가 없잖아요. 잡혀야 한다면 둘이 싸울 때일
테고요. 관객분들이 이 지점에서 왜 재이와 건우가 대화를
하는 장면은 없냐, 서로의 마음을 솔직하게 이야기했다면
파멸까진 가지 않았을 거라며 물어보셨는데, 실제로
갈등 상황일 때 저부터도 대화를 안 했더라고요. 밥은
먹었냐, 어떤 하루를 보냈냐 같은 일상적인 대화 말고 보다
솔직하게 내심을 털어놓는 대화 말이에요. 봉태규 배우와
함께 영화 행사를 했을 때 이런 말을 들은 적 있어요.
우리는 배려를 좋게 여기지만, 배려한다고 생각해서 하지
않는 말들이 가장 큰 싸움과 문제를 만든대요. 저마다의
관계에서 함께하는 순간의 좋음을 해치기 싫으니까 말하길
피한 게 분명 있을 거예요. 그걸 꺼내두지 않는 것부터
'진짜 대화'가 아닐지도 모르죠. 내가 이 사람을 위한다고
생각했던 게, 실은 이 사람은 바라지도 않은 것일 수도
있으니까요.

**서로 다른 욕망을 깨달으면서부터 헤어짐을 예상했지만,
고투 끝에 너덜너덜해진 몸과 마음으로 이별을 말하는
결말이 슬프기도 했어요.**

그게 제가 상상할 수 있는 결말이었어요. 그렇게 쓰고
싶지 않으면서도 거짓으론 쓸 수 없었죠(웃음). 시나리오를
쓰면서 이 작업을 통해 내가 어떤 답을 내릴 수는 없다는
걸 깨달았어요. 그렇다면 내 욕망이 무엇인지 정확히
깨닫고 그걸 따라가는 게, 각자가 원하는 방향으로 사는 게
최선이라고 생각한 거죠. 누군가 그런 삶을 선택하는 게
옳은가에 대해 묻는다면, 되려 우리가 무엇을 선택할 때 백
퍼센트 이성적이거나 감성적인 순간이 있는지에 대해 묻고
싶어요. 선택은 명확할 때만 내리는 게 아니잖아요. 재이와
건우는 그게 무엇이든 선택을 했고, 이후에 이어질 자신의
삶을 지키기 위해 노력할 뿐이에요.

**〈수성못〉을 비롯해 〈나의 피투성이 연인〉까지, 결국 나의
터전, 나의 비빌 언덕은 어디인가에 대한 이야기 같았어요.
어디에서 어떤 모습으로 살지가 사람에게 중요한 문제라고
생각하세요?**
그럼요. 늘 내 자리가 어딘지 고민해요. 물리적으로
어디에 있느냐도 중요하지만, 우리가 흔히 마음 둘 곳
없다는 말을 하는 것처럼 내 마음을 어디에 안착해서
살아갈지 끊임없이 생각하고 싶어요. 세상에는 너무나
많은 어려움이 있잖아요. 눈앞에 보이는 걸 해결해도 또
다른 어려움이 저 멀리서 다가오고요. 그런 와중에도 내가
있을 자리는 어디인가 아는 것이 중요하지 않을까요?
사람은 계속 변하고 자의적으로든 타의적으로든 바뀔 수
있는 존재니까, 쉬이 규정하기보다 질문을 던지는 영화를
만들고 싶어요.

감독님에게 좋은 영화란 무엇인지 듣고 싶어요.
돈을 주고 극장에 입장하면 두 시간 동안 갇혀 있어요.
그 자리에 있는 사람들이 다 함께 불이 다 꺼진 상태에서
빛나는 스크린을 보면서 영화적인 체험을 하게 되죠.
영화가 끝나면 불이 켜지고 다시 바깥으로 나가고요. 좋은
영화란 깜깜한 순간의 경험이 환한 바깥으로 나갔을 때도
그림자처럼 쭉 따라오는 거라고 생각해요. 어둠에서 얻은
질문이 나의 꼬리를 물고 따라붙어서 삶에 대한 질문을 할
수 있는 거요. 나를 복잡하게 만들거나 괴롭힐 수도 있지만
반대로 행복함을 떠올리고 좋은 생각으로 이끌 수도 있죠.

**오래 따라붙는 영화가 많아지면 좋겠네요. 긴 이야기
마쳤으니 잠시 걸을까요?**
좋아요. 동네 골목들이 걷기 좋거든요. 작은 공원도
있으니까 그쪽으로 가볼까요?

사사로운 명장면을 꼽아보며

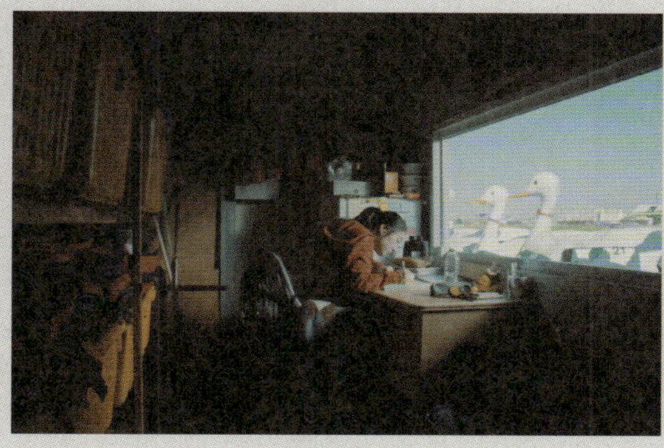

〈수성못〉

S#01. 오리배 안내원의 작업실 안, 담요를 두른 채로 책상에 엎드려 자던 희정이 화장실 청소를 하라는 사장님의 무전을
받고 일어난다. 한숨을 삼키며 "지금 갈게요."라 답하는 희정.

S#02. 텅 빈 화장실 한 칸. 희정은 담배를 피우며 재를 변기에 털어 넣는다. 바깥 세면대에 올려둔 무전기에는 희정을
찾는 영목의 목소리가 들린다.

> "희정은 삶의 정석이 있는 사람처럼 보이잖아요. 화장기 없이 머리도 하나로 싹 묶고 포스트잇
> 붙여가며 공부하고, 매일 달리기에 줄넘기도 하는 루틴이 있는 친구인데 오죽 힘들었으면 화장실에
> 들어가 담배를 피울까 싶었어요. 그것도 몰래 숨어서. 촬영할 때는 밀폐된 화장실에서 연신 컷을
> 담느라 배우가 굉장히 고생했는데요. 중요한 장면을 잘해낸 세영 씨에게 미안하고 고맙기도 해요."

〈나의 피투성이 연인〉

S#01. 교도소로 면회를 온 재이. "별일 없지?"라며 묻는 재이에게 건우는 건조한 얼굴로 "여기는 아무 일도 안 일어나,
그래서 좋아."라고 답한다.

S#02. 미안하다는 건우. 재이는 건우를 바라보며 "우리 악몽을 꾼 것뿐이야."라 말한다. "맞아. 꿈꾼 것 같아.
근데 나 꿈 잘 안 꾸잖아."라던 건우는 고개를 떨군 채로 숨을 고르다 말문을 연다.

> "둘이 함께하는 마지막 장면이에요. 누군가 이 관계를 끝내자고 말해야 한다면 그건 건우여야
> 한다고 생각했어요. 끝까지 대사를 고민했는데 구성된 세트와 수의를 입은 건우를 보니까 대본 속
> 말들을 다 지우고 새로 쓰게 되더라고요. 현장에서 배우를 포함해 네 명만이 대사를 빠르게 숙지해서
> 촬영했어요. 큰 카메라 기술을 쓰지 않아도 배우들의 떨림과 연기가 와닿는 장면이에요."

카메라를 멈추면 안 돼!

영화가 흐르는 도시와 대구단편영화제

대구를 생각하면 영화가 떠오른다. 대구 출신 영화감독이 많은 것도,
지역의 이름을 딴 영화제가 있는 것도, 서울 이외 지역에서 최초의
독립영화관이 생긴 것도 이유가 될 테지만 가장 중요한 건 따로 있다.
바로 어떤 열악한 상황에서도 카메라를 멈추지 않는 이들이 있다는
것, 세상 바깥으로 시선을 꺼내보려는 영화인들이 있다는 것이다.
여름의 끝자락, 계절을 매듭짓듯 열리는 대구단편영화제를 바탕으로
그들이 머무는 곳, 영화가 흐르는 대구를 돌아본다.

글 이명주　자료제공 DIFF(대구단편영화제), 최은규

DAEGU

INDEPENDENT SHORT

포스터 디자인 오늘의풍경
사진 장혜진

어떤 시대의 영화에 대해

뤼미에르 형제의 손에서 탄생해 그랑카페에서 최초로
상영되었다는 영화가 땅을 건너, 물을 건너 그리고 낯선
것을 두려워하며 배척하던 마음을 넘어 동아시아 대륙에
닿기까지 불과 1–2년의 시간이 걸렸다. 일본과 중국을
거쳐 우리나라에도 그 요상한 '활동사진'이 당도했다는데,
시기는 정확히 짚을 수 없어도 감정은 헤아려볼 수 있을
듯하다. 순간을 장면으로 기록한 사진도 놀라운데 사진들을
이어 붙이면 틀에 갇힌 세상이 움직이기까지 한다니,
그토록 경이로운 일이 또 어디 있을까.
서양 문물이 빠른 속도로 자리 잡던 부산의 '행좌'와
'송정좌'를 시작으로 1910년에는 대구에 최초의 옥내
극장인 '대구좌'가 들어섰다. 한국전쟁 즈음에는 대구가
영화 촬영의 중심지가 되기도 했는데, 생사가 치열하게
오가는 전선을 피해 대구에 닿은 피란민 사이에 영화인들도
있었기 때문이다. 어디에 있든 어떤 상황에 처하든 영화를
향한 애정을 놓치지 않은 그들은 끊임없이 제작에 임해
전쟁 기록 영화들을 남겼고, 한국 최초의 여성 감독
박남옥이 첫 연출작 〈미망인〉을 선보이기도 했다고. 냉혹한
시대에 오히려 마음의 불을 피워낸 이 모든 이야기는
우리나라 영화사에 빠질 수 없는 흔적이 되었다.
냉전의 시대가 막을 내릴 즈음부터 대구에서의 영화
제작 편수는 급격히 줄어든다. 1960년에는 한국 영화를
보호하고 육성한다는 취지 아래 '영화법'이 제정되면서
대구는 물론 지역 곳곳에 퍼져 있던 영화사들이 더욱
어려움을 겪게 됐다. 충무로 중심으로 영화 산업이
집중되어, 그 보이지 않는 경계 너머에서는 영화를
찍거나 제작하기에도 수월하지 못한 환경이 되어버린
것이다.

세상의 짧은 이야기를 모아

그러나 차가운 바람에도 싹은 움튼다. '독립 영화'라는
세계가 형태를 갖추기 시작한 1990년대 말부터
부산국제영화제를 필두로 지역 영화제들이 등장하기
시작한다. 여기서 독립 영화는 상업 자본에 의지하지 않고
제작되는 작품을 뜻하며, 제작자나 감독이 주제 의식을
표출할 때 수익이 아니라 대안적인 내용과 형식을 중요한
기준으로 삼는 작품이다. 대구는 그 안에서도 '단편'에
집중했다. 당시만 하더라도 장편을 위한 35밀리미터
필름은 그림의 떡인지라, 8 또는 6밀리미터로 짧은 영화를
만드는 소수의 영화인들이 있었기 때문이다. 그들은 한데
모여 협회를 만들고 영화제를 꾸렸다. 목표는 '우리가
보고 싶은 영화를 모은 영화제'를 만드는 것. 그렇게 움튼
'대구단편영화제'는 2000년부터 현재까지 무려 25년간,
40분 남짓한 세상 속 짧은 이야기들을 한데 모은다.
대구단편영화제 프로그램 팀장인 최은규 씨의 말을
빌리자면 "영화제는 자신의 목소리를 내야 한다"고.
그 목소리는 대체로 선정한 영화에서 드러나기에 경쟁작을
비롯하여 초청작까지 고심에 고심을 더해 모은다. 장편
영화의 조각을 연상시키는 큰 규모의 매끈한 단편도
좋지만, 작가의 개성이 드러나는 단편을 발굴하는 것이
우선이다. 올해는 경쟁 부문(전국 부문과 대구, 경북 지역
작품인 애플시네마 부문을 아울러 말한다. 시상은 부문 별로 대상과
우수상을 선정한다.)에 지원한 작품이 무려 1,203편으로
역대 최다 편수를 기록했다. 은규 씨는 경쟁 부문에
선정되지 못한 영화를 포함하여 출품작을 가능한 한 많이
찾아보는데, 고유의 가치와 개성을 갖고 있는 영화인들에게
여전히 열정을 배운다고. 영화를 아끼고 사랑하는 이들에게
오래 기억되는 축제가 되길 바라는 마음이 엿보였다.
밝았던 상영관이 암흑으로 빠져들었다가 다시금 불이
켜지면 관객들은 일어나 출구로 향한다. 걸어가는 뒤로는
엔딩 크레디트 속 영화를 만든 이들의 이름이 줄줄이
올라가고 있다. 우리는 한 편의 영화만 보면 끝이라
생각하지만 실은 창작인들의 이름까지 안고 가는 셈이다.
열악하거나 고약한 상황에서도 대구의 영화인들은
야무지게 카메라를 쥐고, 선연히 빛나는 생각으로 장면을
만들어 이어 붙인다. 그 분명한 애정을 목격했기에 대구
속으로, 대구단편영화제 속으로 기꺼이 걸음을 옮겼다.

해당 기사의 제목은 2017년 일본에서 개봉한
동명의 영화에서 따왔다.

올해의 축제를 회고하며

8월 21일부터 26일까지, 작열하는 태양의 마지막 춤사위를 볼 때쯤 시작한 대구단편영화제는 한여름 밤의 꿈을 안겨준 채로 막을 내렸다. 그간 대구에 머물면서 어디서도 만나지 못한 영화를 감상하는 것뿐 아니라 영화를 만들고 사랑하는 이들의 열정까지 느낄 수 있었기에, 이 도시에 온 이방인은 남몰래 시샘을 느끼기도 했다. 이제는 여운만 남은 빈 상영관을 돌아보며 대구단편영화제를 운영한 은규 씨와 함께 올해의 영화제 속 특별한 점을 소개한다.

65초의 시선,
공식 트레일러

영화제의 중심 메시지를 짧은 영상으로 표현하는 트레일러. 올해는 대구에서 활발하게 활동하는 영화감독 중 한 사람인 장병기 감독이 제작했다. 흑백 세계 속 광활한 육상 트랙 위에 홀로 선 사람은 온 정신을 하나로 모으며 출발 자세를 취한다. 장면에 색이 부여된 후에도 같은 자세를 취하던 사람은 스타트건 소리를 듣자마자 뛰어나간다. 결승점에 도달한 모습은 볼 수 없이 영상은 막을 내린다. 결승점 대신 출발선에서의 장면만 반복되는 이유는 결과가 아닌 과정, 성공이 아닌 노력에 대해 말하고 싶었기 때문이라고. 결승점에 어떤 결과가 기다릴지 몰라도 영화인들은 열정을 안고 앞으로 뛰어나갈 테니까.

경계 없는 만남,
'DIFF n Poster'

분명히 짚어두지만 대구단편영화제는 영화인들만의 축제가 아니다. 영화에 관심을 갖고 있는 것만으로도 함께 즐길 수 있는 부대 행사를 마련해 일반 시민들까지 품으로 안는다. 그중 'DIFF n Poster'는 모든 경쟁작에 대해 전국의 그래픽 디자이너가 매칭되어 영화 포스터를 제작하고 전시하는 프로젝트다. 작업을 주고받는 차원을 넘어, 디자인과 독립 영화가 서로의 예술 영역을 이해하고 나아가 대중과의 네트워크를 이룰 수 있도록 도모한다고. 이외에도 상설 영화 상영 부스 'The Diff Archive', 장르 영화 특별전 '미드나잇 시네마' 등을 통해 대구 시민들에게 영화로운 나날을 선물했다.

영화제의 목소리,
초청 섹션과 아시아단편교류전

단순히 작품을 제출하고 선정하여 상을 주는 것이 영화제의 존재 의미는 아니다. 대구단편영화제는 독립 영화 중에서도 단편만이 할 수 있는 이야기, 그리고 단편이어야만 성립하는 이야기까지 고민한다. 그 생각이 맺히는 곳은 초청 섹션이다. 올해는 '영화에게'라는 주제 아래 영화인들의 사연과 마음을 헤아려보고, 주제 '확장하는 카메라'를 통해 카메라의 역할과 기능을 재정의했다. 또 2015년 해외 단편을 초청한 이후로 10년 만에 '아시아단편교류전'을 선보여 다른 언어와 영상 문법이 낳는 시선을 비교했다. 대구단편영화제를 꾸린 이들을 보며 생각한다. 그들은 언제나 영화로 말하고, 영화로 행동한다고.

신뢰와 연대,
영화인 사이의 끈끈함

영화도 혼자 만들 수 있는 게 아닌데 영화제는 어떠하랴. 영화가 상영되는 극장을 비롯하여 씨네토크, 단편제작워크숍, 부대 행사가 열리는 장소 곳곳에는 진행을 돕는 자원봉사자들이 상주한다. 경쟁작의 감독이나 배우인 이들도 자원하여 스태프로서 참여하기도 했다. 모두들 진심을 갖고 진중한 자세로 임하기에 영화제 내내 보는 이까지 열정과 설렘 사이를 간질간질 오갔다. 대구에서는 영화인이 하나의 역할만 맡지 않는다. 한 영화의 감독이 다른 작품에서는 스크립터나 조감독, 촬영감독, 운전 스태프, 심지어 배우가 되기도 한다고. 대구를 기반으로 두각을 보이는 창작자들이 대거 등장하지만, 영화 창작을 위한 제반이나 상영 여건이 탁월하지 않기에 생긴 일종의 '품앗이'다. 서로에게 작품 완성을 위한 최소한의 안전망이 되어주는 모습에서 영화 하나가 완성되기까지 얼마나 많은 마음이 모였을지 부러 헤아려본다.

2024 대구단편영화제 공식 트레일러 중 일부

지난 여름에 새긴 장면

대구단편영화제가 열리는 6일 동안 경쟁작 서른아홉 편의 이야기가 쉴 새 없이 상영됐다. 여기다 초청 부문 작품들까지 더하면 그 숫자는 훨씬 많다. 어떤 이의 마음을 맴돌던 이야기는 스크린을 통해 세상 밖으로, 이내 다른 이의 마음으로까지 흘러 들어갔다. 독립영화전용관 '오오극장'과 메가박스 프리미엄 만경관에서 상영된 단편들 중 (수상 여부와 관련 없이) 나에게 흘러온 이야기들을 소개한다. 이미 지나버린 여름을 마음에 품은 장면들로 되새기며.

이한오
〈헤어 나올 수 없는 No Hair〉(2024)

우산 하나를 쓰고 꼭 붙어 걷는 두 남녀. 숙희는 연거푸 영모를 향해 애정을 고백하지만 그는 영 반응이 시원찮다. 사실 영모에게는 비밀이 하나 있다. 풍성해 보이는 그의 머리칼이 가발이었던 것. 콤플렉스를 털어놓지 못해 숨기기에 급급한 영모와 그 사정을 알 리 없는 숙희는 답답하기단 하다. 과연 우리는 서로의 단점까지 사랑할 수 있을까?

김현빈
〈치킨맨 Chicken Man〉(2024)

닭의 무게를 값으로 따지는 계량소에서 일하는 태희와 정민. 둘은 같은 공간에 머물지만 가진 사람과 가지지 못한 사람으로 분리되어 있다. 더 나은 삶을 준비하는 태희와 지금의 삶만 주어진 정민은 길가에 버려진 닭 한 마리로 인해 서로의 다름을 서서히 인식한다. 온몸의 솜털이 삐죽 솟을 듯, 불안감과 긴장감이 서서히 차오른다.

김은명, 전상진, 황영
〈야식금지클럽 Anti Late-Night Snack Club〉(2024)

세 여자는 마음의 허기를 배고픔으로 착각해 토할 때까지 먹었던 불면의 밤에서 벗어나기 위해 모였다. 당장이라도 입에 무언가를 넣고 싶은 밤 아홉 시부터 새벽 두 시까지 서로의 곁을 지키며 야식을 참지만, 우리는 알고 있지 않나. 무언가를 '금지'한 순간부터 더욱 갈망하게 된다는 걸. 씩씩하고 사랑스러운 세 사람의 밤을 엿본다.

이야기가 모이는 곳,
오오극장

대구에서 가장 특별한 극장을 꼽으라면 모두들 입을 모아 '오오극장'이라
말한다. 2015년 2월 11일 개관한 오오극장은 대구의 독립영화전용관으로
대구단편영화제의 주무대다. 서울을 제외한 지역에서 세워진 최초의
독립영화관이자 대구의 영화인을 한자리에 모으고 영상 문화가 나아가도록
돕는 공간이기에, 단순한 감상관을 넘어 한 도시의 아고라처럼 보이기도 한다.
영화 상영 외에도 '관객프로그래머 초이스'와 '관객프로그래머 영화제'도
열린다고. 이름에 들어간 '오오'는 숫자 55를 말하는데, 단 하나뿐인 상영관의
좌석 수가 55개인 것에서 착안했다. (곁에서 함께 운영되는 카페는 삼삼오오 모여
다채로운 예술과 문화를 만끽하길 바라며 '삼삼'이라 불린다.) 예매한 영화의 좌석을
찾을 때는 보통처럼 알파벳으로 구분한 열 대신 숫자 하나면 충분하다. 좌석에는
오오극장을 만들기 위해 힘을 모은 대구의 시민단체와 독립영화협회, 시민들의
이름이 새겨져 있다. 무심코 앉던 자리에서 영화를 사랑하는 이들의 흔적이
보이니, 오오극장이 받은 사랑과 더불어 이 도시에게 되돌려주는 온기에 달뜬다.
도시의 곁에 오래 머물길 바라는 장소다.

A. 대구 중구 국채보상로 537
O. 매일 12:00-22:00

MOVIE

대구에 머무른 장면

**낯선 이야기가 드넓고 뜨거운 분지에 찾아왔다.
원래 알던 이들인 것처럼 대구는 오래된 집, 풀과 나무를 묵묵히 내어준다.
이 도시에 잠시 머무른 허구의 장면들. 그 세 편의 삶을 따라가 본다.**

글 차의진

너른 팔로 껴안는 집 <u>Movie</u>

임순례
〈리틀 포레스트〉(2017)

작은 집은 상경한 혜원을 기다리며 묵묵히 고향을 지켰다. 몇 년간 아무도 살지 않았던 이곳에 어느 날 혜원이 들어선다. 성공의 기쁨을 한 아름 안고 돌아온 것도, 자신을 기다리던 가족을 보러 온 것도 아니었다. 뜻대로 되지 않는 서울 생활에 싫증이 나 덜컥 내려왔을 뿐이다. 딸을 두고 갑자기 집을 떠나버린 엄마도 그곳에 있을 리 없다. 힘 빠진 혜원을 맞이하는 집에서 그가 하는 일은 그저 잘 먹고 잘 자는 것. 고향에 머무는 오랜 친구 재하, 은숙과 함께 농작물을 키우며 매일을 살아낸다. 배추전, 감자빵, 아카시아꽃 튀김, 콩국수… 계절을 말하는 음식을 요리하며 엄마와 함께하던 기억을 거슬러 올라가고, 평생 이해할 수 없던 엄마를 좀더 너그럽게 바라보게 된다. 웃음과 음식으로 충만한 사계의 중심에는 집이 있다. 혜원이 요리하고 싶을 때면 구옥은 언제든 부엌을 내어주고, 그가 점점 치유되어 갈수록 먼지 쌓이던 찬장에는 식재료가 늘어간다. 친구들과 한잔 기울이며 깔깔거릴 때는 아담한 거실이 모임 장소가 된다. 재하가 데려온 강아지 '오구'의 새 보금자리도 바로 이곳. 이토록 다정한 혜원의 집은 2023년 대구로 편입된 경북 군위군에 자리한다. 고즈넉한 기와지붕과 집을 감싸는 푸른 나무는 혜원의 터전을 살펴보고 싶은 이방인들을 환히 반긴다. 불쑥 찾아온 영화 속 주인공을 안아주었듯, 누구에게든 열려 있어 언제든 방문해도 좋다. 부엌에 머물러 잠시 혜원이 경험한 날들을 떠올려볼까. 여전히 너그럽고 따스한 온기와 치유가 흐를 것이다.

ⓒ〈리틀 포레스트〉

있어도 없는 목소리　　Movie　　　　　김현정
〈나만 없는 집〉(2017)

작고 낡은 아파트. 열한 살 세영은 이곳에서 늘 혼자다.
부모님은 일로 바빠 혼자 밥 먹는 일이 부지기수. 하나뿐인
언니 선영이 있어도 세영은 늘 외롭다. 사춘기 탓인지
동생이 귀찮기만 한 언니는 날카롭고 쌀쌀맞다. 어느 날

ⓒ〈나만 없는 집〉

세영의 무료한 일상을 콩닥거리게 할 소식이 들려온다.
학교 걸스카우트에 입단하고 싶은 사람은 회비와 함께
신청서를 내야 한다는 것. 부모님 허락만 있다면 언니
선영이 입는 근사한 단복을 세영도 가질 수 있다. 오직
걸스카우트만 입을 수 있는, 단정하고 예쁜 옷. 부푼
마음을 안고 친구들에게도 걸스카우트에 들어가겠노라
선언했지만 엄마의 반응은 달갑지 않다. "한집에 무슨
둘씩이나 걸스카우트이고." 세영은 공장에서 돌아와 지친
엄마 앞을 막아서지만 안 된다는 대답만 돌아올 뿐 정확한
이유는 듣지 못한다. 아빠와 언니도 무관심한 건 마찬가지.
결국 세영은 언니 옷을 훔쳐 운동장에 선다. 걸스카우트가
된 친구들 사이에서 잠시나마 진짜가 된 기분을 누려본다.
결국 언니에게 들켜 흠씬 얻어맞고 찾아간 엄마의 일터.
눈물을 닦아주는 엄마에게 세영은 묻는다. "왜 날 혼자
뒀어?" 네 식구가 사는 세영의 집에는 사실 세영만 없다.
작은 아이의 시선을 따라가며 외로움을 이야기하는
이 단편 영화는 대구·경북 지역에서 활동하는 청년
영화인들이 제작했다. 대구에서 나고 자란 김현정 감독의
자전적인 경험이 모티브가 되었다고. 1998년이 배경인
세영의 집을 찾기 위해 감독은 대구 전역을 돌아다녔다.
마침내 찾은 장소는 감독이 살던 동네의 재개발 예정이던
아파트. 세영의 이야기가 덧입혀진 낡은 공간에는 낯설지
않은 쓸쓸함과 공허함만이 맴돈다. 조용한 부엌에서
세영이 홀로 식사하는 장면으로 영화는 막을 내린다.

잊지 못할 한 시절   Movie   조근식
<그해 여름>(2006)

대학생 석영에게 1969년 여름은 평생 지워지지 않을 얼굴을 새겼다. 엄한 아버지의 눈초리가 싫어 친구를 따라 처음 와본 농활. 기대도 설렘도 없이 내려온 시골은 서울과 달리 무료하기만 하다. 그곳에서 우연히 만난 도서관 사서 정인. 엉뚱하고 허점 많은 그녀가 계속 눈에 밟히던 석영은 정인을 따라다니며 괜히 말을 걸거나 짓궂은 장난을 친다. 석영이 귀찮게 느껴지다가도 소소한 농담에 자꾸 웃음이 나는 이유는 정인의 마음만이 안다. 읍내에 나가 함께 음악을 듣거나 늦은 저녁 시골길을 걷는 기억이 쌓이며 둘은 점점 가까워지고, 두 사람은 서울행 열차에 함께 몸을 싣는다. 행복을 그리던 때도 잠시, 이별은 생각보다 빠르게 찾아온다. 월북한 아버지 때문에 간첩죄를 뒤집어쓴 정인이 석영을 지키고자 그를 떠난 까닭이다. 긴 세월이 흘러 희끗희끗해진 머리로 석영이 다시 찾아간 마을에 정인은 더 이상 없다. 그녀를 그리며 찾아간 만어사. 물고기들이 용왕 아들을 따라왔다가 그가 하늘로 떠나자 그리움에 돌로 변했다는 사찰로, 정인이 알려준 곳이었다. 돌이 수북이 쌓인 풍경을 앞에 두고 석영은 잊지 못할 그 여름을 떠올린다.

영화는 대구와 경상북도 일대를 풍경으로 그려진다. 젊은 석영이 처음으로 얼굴을 비춘 곳이자 상경한 정인과 손잡고 거닐던 장소는 대구 계명대학교 대명캠퍼스다. 세월의 흔적을 품은 서양풍 건물이 영화 속 여름과 잘 어울린다. 석영이 대학 친구들과 미팅을 하던 곳은 중구 공평동의 고전음악 감상실 '하이마트'. 대구와 경북의 조각들이 모여 아픈 사랑의 기억을 완성한다. 어떤 이야기를 품었든 어떤 시절을 말하든 이 도시는 무수한 영화의 무대가 되어주었다. 이곳에서 또 어떤 삶이 그려질까. 스크린 속에 담길 대구의 다음 장면을 어렴풋이 떠올려본다.

ⓒ <그해 여름>

대구의 맛

대구 10미味는 대구시가 선정한 열 가지 지역 대표 음식이다. 대구에서 탄생했거나 그곳에만 있는 독특한 방법으로 조리되어 개성이 넘친다. 대구의 일러스트레이터, 'sen'의 그림과 함께 열 가지 요리를 살펴보자.

글 차의진   일러스트 sen

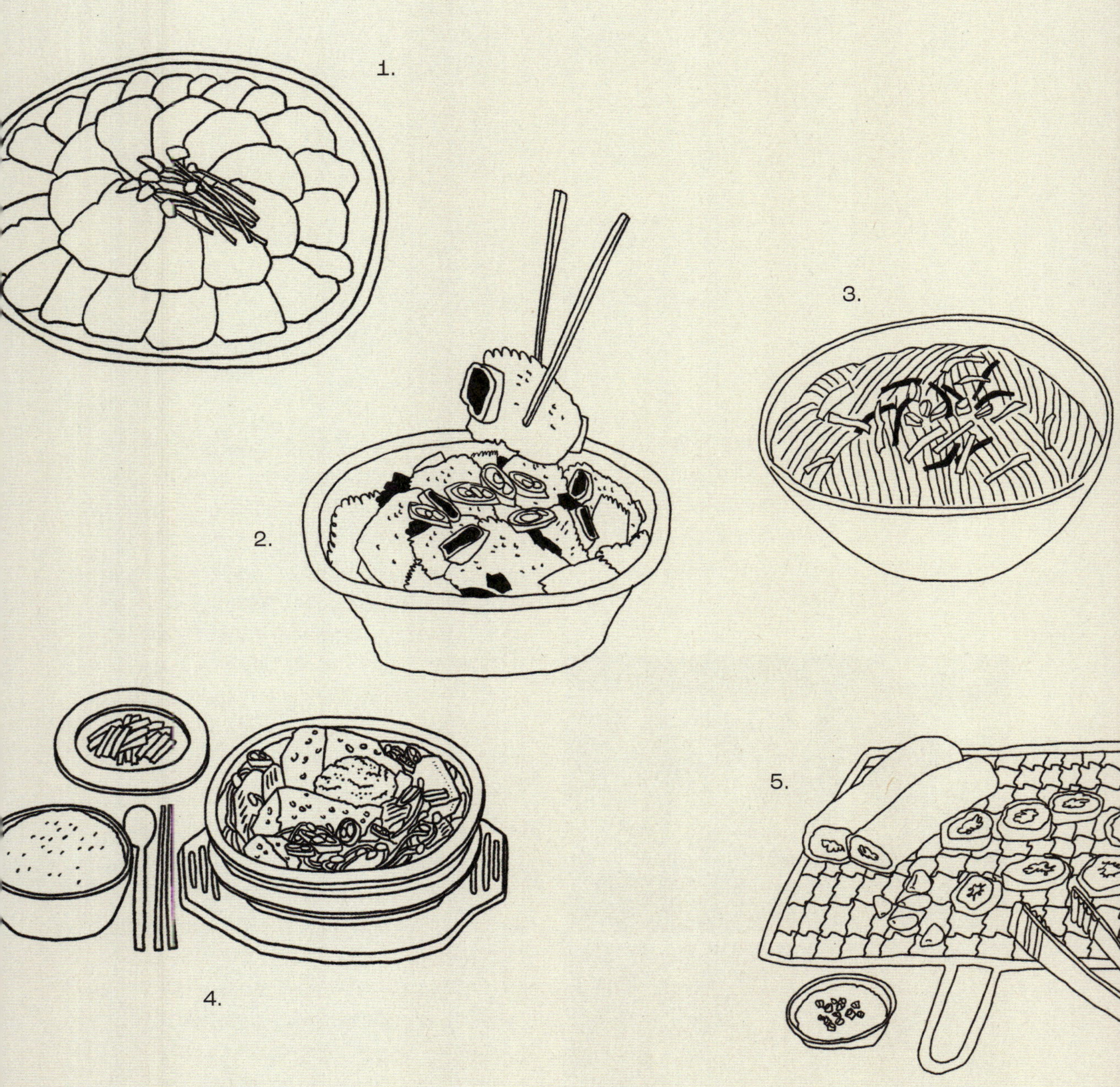

1. 뭉티기   2. 동인동찜갈비   3. 누른국수   4. 대구따로국밥   5. 막창구이

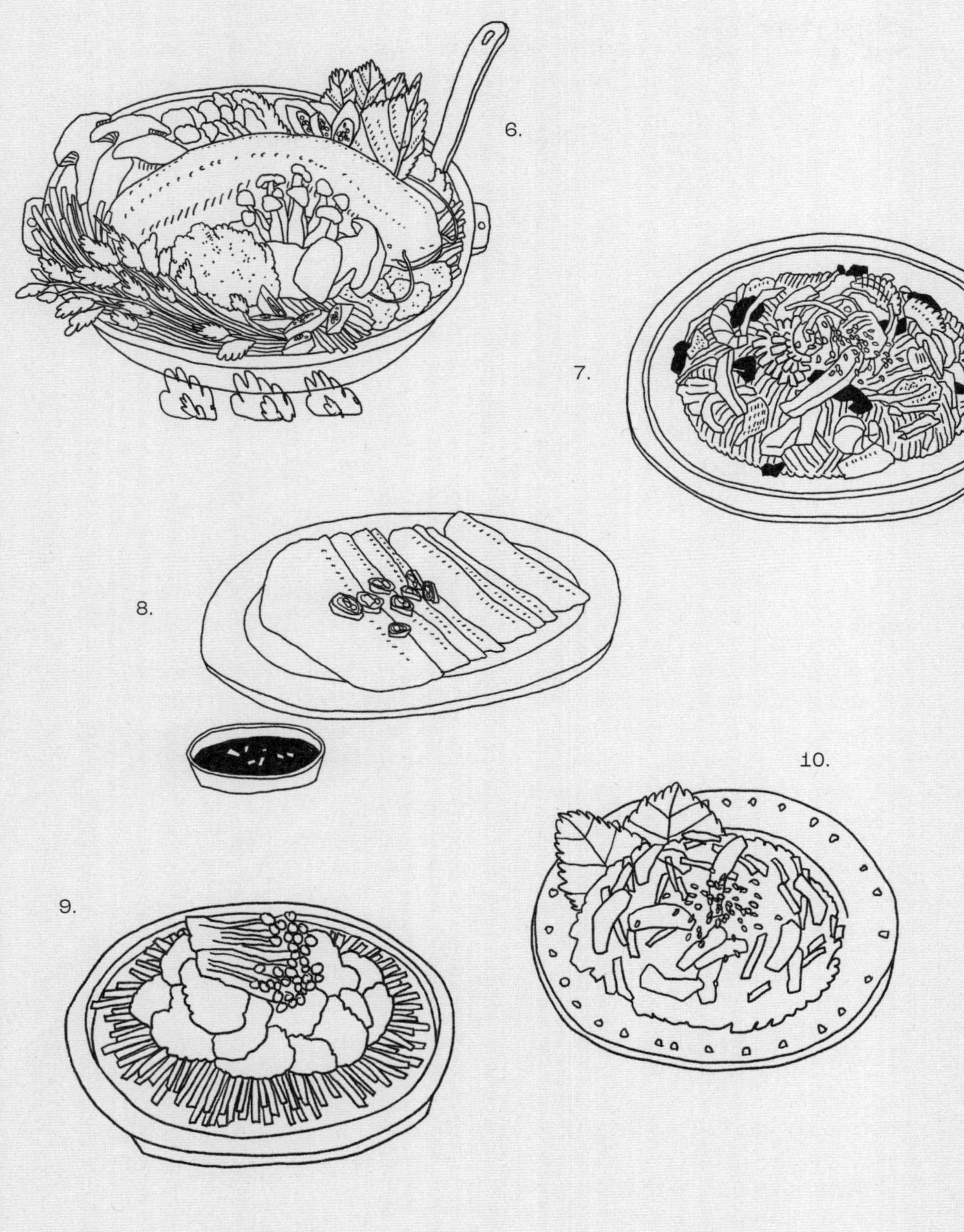

6. 논메기매운탕   7. 야끼우동   8. 납작만두   9. 복어불고기   10. 무침회

어디서 먹어볼까?

1.

뭉티기

생소고기를 엄지손가락 한 마디 크기로 뭉텅뭉텅 썰어 뭉티기라고 불린다. 대구에서는 1950년대부터 뭉티기를 참기름, 마늘, 고춧가루 등을 섞은 양념에 찍어 먹었다. 쫀득한 식감과 함께 생고기의 풍미와 고소함이 가득한 음식. 1976년 문을 연 '왕거미식당'은 꾸준히 뭉티기를 선보여왔다.

왕거미식당
A. 대구 중구 국채보상로 696-8
O. 월-토 16:00-21:00, 금 15:00-21:00, 일요일 휴무

2.

동인동찜갈비

갈비찜 하면 달콤한 간장 양념이 일반적이지만, 대구는 조금 다르다. 중구 동인동에서는 양은 냄비에 익힌 소갈비를 매운 고춧가루, 다진 마늘 등과 섞어 먹는다. 남은 양념에 밥을 비벼 먹는 건 필수. '낙영찜갈비'는 1972년부터 동인동찜갈비 골목을 지켜왔다.

낙영찜갈비
A. 대구 중구 동덕로36길 9-17
O. 매일 10:00-21:00

3.

누른국수

밀가루에 콩가루를 섞어 면을 만들고, 멸치를 주재료로 육수를 낸 경상도식 칼국수다. 시원한 국물에 고소한 면이 더해지니 술술 들어간다. '동곡원조할매손칼국수'는 4대째 운영 중으로 가마솥에서 칼국수를 끓여낸다.

동곡원조할매손칼국수
A. 대구 달성군 하빈면 달구벌대로55길 97-5
O. 화-일 10:00-20:00, 월요일 휴무

4.

대구따로국밥

붉고 걸쭉한 고추기름으로 만든 대구식 육개장. 한국전쟁으로 전국에서 피란민이 대구에 모이던 무렵, 국밥 형태의 상차림을 선호하지 않던 사람들이 '밥 따로 국 따로'를 주문하면서 따로국밥이 탄생했다. '국일따로국밥'은 1946년부터 3대째 가업을 이어왔다.

국일따로국밥
A. 대구 중구 국채보상로 571
O. 매일 00:00-24:00

5.

막창구이

대구 하면 생각나는 대표적인 음식이다. 소의 네 번째 위인 홍창을 구운 것으로, 대구에서는 쪽파와 청양고추 등을 된장과 섞은 소스에 곁들여 먹는다. 돼지 막창보다 열량이 낮고 고소한 맛이 특징이다.

구공탄막창
A. 대구 남구 대명로 303
O. 매일 16:30-24:00

6.

논메기매운탕

다시마와 무로 끓인 육수에 메기를 넣고, 마늘과 고춧가루를 더해 끓인 매운탕. 시원하고 얼큰한 맛이 일품이다. 대구의 농촌 마을 다사읍 부곡리에서 거주하던 손중헌 씨가 논메기 낚시터를 만들었는데, 낚시꾼들이 잡은 메기를 매운탕으로 끓여달라고 부탁하면서 탄생했다. 인근 주민들이 너도나도 식당을 열면서 부곡리는 논메기매운탕집으로 가득하다.

손중헌원조논메기매운탕
A. 대구 달성군 다사읍 부곡2길 7-9
O. 매일 10:10-20:40

7.

야끼우동

달콤한 일본의 야끼우동과는 전혀 다르다. 동성로에 자리한 '중화반점'에서 1970년대 처음으로 선보인 한국식 볶음 짬뽕이 바로 야끼우동. 60년이 넘는 세월 동안 대구를 지킨 중식당이다. 야끼우동은 불향이 살아 있고 매콤해 자꾸 생각나는 맛이다.

중화반점
A. 대구 중구 중앙대로 406-12
O. 화-일 11:30-21:00, 월요일 휴무

8.

납작만두

1960년대 대구에서 처음 탄생했다. 흔히 보는 만두는 속이 꽉 찬 통통한 모습이지만, 납작만두는 얇은 피에 당면과 야채를 소량 넣어 반달 모양으로 빚는다. 물에 삶은 다음 구워 간장을 뿌려 먹거나 떡볶이 국물과 곁들여도 좋다.

남문납작만두
A. 대구 중구 명륜로 64-1
O. 월-토 10:00-18:30, 일요일 휴무

9.

복어불고기

1970년대 대구의 '미성복어'에서 복어를 매운 양념과 콩나물, 양파, 야채와 볶아 먹는 요리를 개발했다. 지금은 대구 대부분의 복어요릿집에서 이 음식을 선보인다. 쫄깃하고 매콤한 복어살이 안주로 제격이다. 남은 양념에는 역시 밥을 볶아 먹자.

미성복어불고기
A. 대구 달성군 하빈면 달구벌대로55길 97-5
O. 화-일 10:00-20:00, 월요일 휴무

10.

무침회

내륙 지방인 대구에서는 과거 활어를 접하기 어려웠기에 대구 사람들은 활어 대신 오징어, 소라, 아나고(붕장어회) 등을 버무린 무침회를 개발했다. 서구 내당동에는 식당 열다섯 곳이 모인 무침회 골목이 들어서 있다.

똘똘이식당
A. 대구 서구 달구벌대로375길 31
O. 매일 08:00-23:00

sen

대구에서 활동하는 일러스트레이터. 대구에서 나고 자랐다. 행복을 좇는 평범하고 따뜻한 일상 속 존재하는 작은 것들을 그리고 만든다.

H. Instagram.com/sen.studio2019

이솝 하비스트 캠페인

결을 따라 전해지는 마음

에디터 이명주

포토그래퍼 윤동길

진행 정현지

계절의 기색이 무르익었다. 달이 차오르자 서로를 향한 눈 맞춤이 기꺼워지는 만남의
시간도 다가왔다. 이솝 하비스트 캠페인은 풍성한 가을이 내어주는 환대를 안은 채로
우리 앞에 섰다. 자연스러운 흔적이 새겨진 그 환대를 정갈한 마음으로 받아 든다.

Aësop.
Fabulous Face Oil
Huile Fabuleuse pour le Visage
Juniper Berry · Ylang Ylang · Jasmine
Bois de Genièvre · Ylang Ylang · Jasmin
PARSLEY SEED
Parsley Seed · Tocopherol · Red Algae
Graine de Persil · Tocophérol · Algue Rouge

고이지 않는 시간 속에서

가까운 일상에서부터 계절의 변화를 체감한다. 묵직해진 구름 아래 볕은 강렬한 기색을 감추고, 초록으로 빛나던 모든 것은 다른 색깔 옷으로 갈아입는다. 영원할 것만 같던 무더운 나날의 뒷모습을 바라보고 있자니, 시간은 고이지 않고 잠잠한 기색으로 흘러가고 있음을 새로이 깨닫는다. 이맘때의 우리에게는 보다 더 선명한 안색으로 안부를 나눌 기회가 주어진다. 바로 추석, 한층 무르익은 달과 곡식을 끌어안고 더불어 살아가는 이들을 마주하는 우리만의 약속이다.

때맞춰 도착하는 이솝 하비스트 캠페인은 우리나라 명절인 추석을 환영하는 마음을 품는다. '오래된 매듭의 무늬'(2020)와 '새로운 바람이 불어오는 계절'(2021), '두드림 끝에 맞이한 결실'(2022), '마음을 적어 건네는 계절'(2023)까지, 우리 주변을 섬세한 시선으로 바라본 하나의 메시지는 정다움을 나누는 이맘때에 온기를 더하곤 했다. 올해로 다섯 번째를 맞는 하비스트 캠페인은 시간의 흔적을 따라 틈을 보듬는 마음에 주목한다. 시간은 온 세상 모든 것에 자신의 흔적을 남긴다. 푸릇하던 열매에 시간이 닿으면 동그랗고 붉게 차오르고, 작아 보이던 생채기에 시간이 닿으면 가장자리부터 아물면서 뚜렷한 자국이 생긴다. 고이지 않는 이것의 손아귀에서 사람도 모른 척할 수는 없다. 물과 불, 바람과 흙을 손결 사이로 흘려가며 만물의 곁을 지나가는 시간은 앳된 것을 성숙한 것으로, 오래된 것을 더 오래된 것으로 만드니까. 하비스트 캠페인은 그 흔적들을 흠이라 여기지 않는다. 무르익어 가는 것의 모습을 자연스레 받아들이며 서로를 보듬어 준다면, 하나에서 함께가 되어 조화로움을 찾는 가을이 되리라 생각한다. 그렇기에 이솝의 시선은 나무로 향했다. 나무는 날이 갈수록 나이테가 겹겹이 쌓이며 틈과 생채기가 생기지만, 그것을 부끄러워하며 덧입기보다 단단한 생의 증거로 남겨둔다. 죽어서도 수축과 팽창을 반복하기에 남겨진 본연의 상처와 벌레가 지나간 자리, 옹이 같은 자국들이 의연한 아름다움으로까지 느껴진다. 이 마음을 전하고자, 올해 하비스트 캠페인은 나무를 만지고 다듬는 목공예가 김민욱 작가와 손을 잡았다. 나무의 결을 해하지 않는 조화로운 지점을 찾아 나서는 그의 작업은 자칫 결점처럼 보이는 요소들에 미감을 불어넣어 자연스럽고 담백하게 드러낸다. 잘못 자르거나 갈라지고 부서지더라도, 마음이 허용한다면 구태여 숨기지 않는다. 또한 재료의 터진 부분을 잇는 동이나 철 같은 금속을 더하는데, 나무의 포근함에 금속류가 기분 좋은 자극을 주는 듯하다고. 이솝은 캠페인을 통해 전통 소재와 기술을 계승하되 현대 감성에 어우러지는 행보를 보이는 국내 공예, 예술 작가와 협업한다. 전통적인 문화를 우리가 일상에서 친근하게 만끽할 수 있는 메시지로 전하기 위함이다. 이솝의 시선과 김민욱 작가의 손길이 만나, 예부터 이어져 온 것들이 지금 바로 이 시절을 사는 우리에게 메시지를 건넨다. 한데 어우러진 그 풍성한 환대로, 이 계절에 안을 수 있는 조화로움 속으로 성큼 들어선다.

흔적의 아름다움을 건네며

이미 지난 시절 어딘가에 멈춰서 일상적인 풍경을 떠올려 본다. 소박하게 지어진 집 안팎으로 나무와 나무에서 비롯된 것들이 존재한다. 우리나라는 예부터 각종 건물과 가재도구의 대부분을 나무로 만들어 사용했다. 우리 삶 가까이에 놓인 재료이자, 허식을 피하고 절제하는 삶과 소박함을 추구해 왔기 때문이다. 이는 공예품으로서의 나무에도 여전히 내재된 가치인데, 우리나라의 목공품은 못 등 물리적으로 결합하기 위해 쓰이는 도구를 최소한으로 줄이고 나무 자체의 짜임새를 활용했다고. 재료의 성질을 이치에 맞게 적용하는 오랜 경험의 결과이자 숨쉬는 기물을 대하는 제작자와 사용자의 애정까지 엿볼 수 있다.

이 지점에서 하비스트 캠페인은 조선 후기 유학자이자 실학자인 정약용의 말을 빌려 여전히 빛나는 가치에 대해 전했다. "비범함은 무수한 평범함이 쌓인 결과물이다." 시간은 우리 눈에 보이거나 쉬이 감각되지 않지만 분명 존재하고, 또 돌아보면 켜켜이 쌓여 있다. 특별할 것 없어 보이던 나무가 시간을 머금고 만든 이와 보는 이에게 가치 있게 머무르듯, 별다를 것 없이 흐르는 일상이라도 그 시간들이 모여 한 사람의 특별함을 이룰 테다. 오래되어도 빛이 바래지 않는 가치를 들여다보니 둥그런 목공예품으로부터 부드럽고도 묵직한 삶의 의미가 와닿는다.

올해의 이솝 하비스트 캠페인은 8월 26일부터 9월 22일까지 진행되었다. 일부 이솝 스토어에서는 김민욱 작가의 작품을 전시해 두었는데, 앞서 써 내려간 수많은 문장을 뒤로한 채 보더라도 작품 자체의 아름다움을 오롯이 느낄 수 있었다. 더불어 이솝은 그 아름다움을 고마운 이들과 나눌 수 있도록 기프트 셀렉션을 선보였다. 풍성한 가을의 환대를 담뿍 담아내어, 서로의 눈을 마주 보며 안부를 묻고 그간의 감사와 앞으로의 믿음을 전하는 추석에 전하기 좋은 마음이 되었다. 넉넉하게 차오른 달 아래, 서로 다른 흔적을 가진 이들이 모여 조화를 이루던 장면을 되새겨 본다. 그 시간이 우리에게 남겼을 고운 흔적을 가늠하며.

"비범함은 무수한 평범함이 쌓인 결과물이다."
정약용

김민욱 목공예가

나무와 함께하는 시간을 사랑해 마지않는 한 사람이자 목공예가다. 그는 단순하고 반복적인 행위를 통해 각각의 나무가 품고 있는 고유함을 드러내려고 노력한다. 바다와 산이 만나는 해운대 달맞이 언덕 중간에 자리한 작업실 '키미누 스튜디오'에서 하비스트 캠페인을 함께한 김민욱 작가를 만났다.

나무 본연의 아름다움을 발견하는 공예의 길로 향하게 된 계기가 있나요?

세상의 틈에서 저만의 방식으로 표현하거나, 저에게 새롭고 놀라운 발견들을 나누고 싶었어요. 한때 이민을 준비했기에 이후 생활을 위한 여러 가지 기능과 기술을 알아보다가 그중 하나인 목공을 배우게 됐죠. 처음에는 나무를 생계 수단으로 여기면서도 재료가 본디 가지고 있는 물성에 흥미가 생기더라고요. 심재와 변재의 경계, 옹이로 구별되는 곳, 벌레가 만들어준 패턴, 수종에 따른 저마다의 성질과 색에 점점 더 매료되어 지금 작업까지 이어졌습니다.

작업에는 어떤 과정들이 있는지 궁금해요.

인연이 닿는 나무를 만나서 자르고 속을 비워내며 다듬는 것이 전부예요. 나무는 불안정한 소재입니다. 계절이나 베인 시기에 따라 수분 정도가 달라지는 등 가변성이 커요.

나무의 살을 다 깎아야 속에 숨어 있는 진면모가 선명히 드러나고요. 그래서 원하는 결과를 얻으려면 재료와 함께 호흡을 맞추어야 하죠. 형태를 고민하는 아이디어 스케치도 미리 하지 않기 때문에, 작업 중간에 형태가 바뀔 때가 많습니다. 그런 경우에는 신중하기만 하면 속도가 나지 않으니 손으로 나무를 깎으면서 앞서 실패했던 부분을 상기하며 진행합니다.

예상치 못한 순간을 마주하더라도 기꺼이 작업을 이어나가는 게 인상 깊네요. 작업에서 즐거움을 느낄 때가 있다면요?

손으로 작업하면서 가장 좋은 때를 알고, 가장 적절한 두께를 느낄 수 있을 때 오는 기쁨이 좋습니다. 늘 성공에 가까운 작업에 도달하는 건 아니지만 모든 과정마다 만나는 나무들의 모습도 의미 있고요. 제 일은 계속 비우는 것인데, 다 비우고 나면 몸과 마음에서 무언가 차오르는 기분이 들어요. 눈으로 볼 수 없는 긍정적 에너지가 있나 봅니다.

올해 하비스트 캠페인을 함께했어요. 협업을 제안받았을 때 어떤 마음으로 응했나요?

평소에 부산 달맞이 언덕에 있는 이솝 스토어를 오가며 보아왔습니다. 오랜 시간 공들여 만드시더라고요. 부산의 바다가 연상되는 오묘한 푸른색 기와 벽이 기억에 남아요. 여러 사람과 작업하는 게 쉬운 일이 아니라고 생각합니다만, 스토어가 문 열 때부터 그 정성을 지켜봐 왔기 때문인지 이솝의 제안에 어떠한 고민 없이 응했습니다. 함께 잘해보고 싶다는 생각이 들었어요.

캠페인의 메시지 중 하나가 "시간의 흔적을 따라"라는 문구였죠. 시간이 흐르며 남긴 흔적을 흠으로 바라보지 않는 이유를 들려주세요.

모든 생물에게는 흠이 있잖아요. 알 수 없는 어딘가에는 완전무결한 존재가 있을지도 모르지만요. 제 관점에서는 나무가 소재일 때 드러나는 결함들은 특이하면서 특별한 구석이라고 생각해요. 왠지 실패로 여겨지는 부분들을

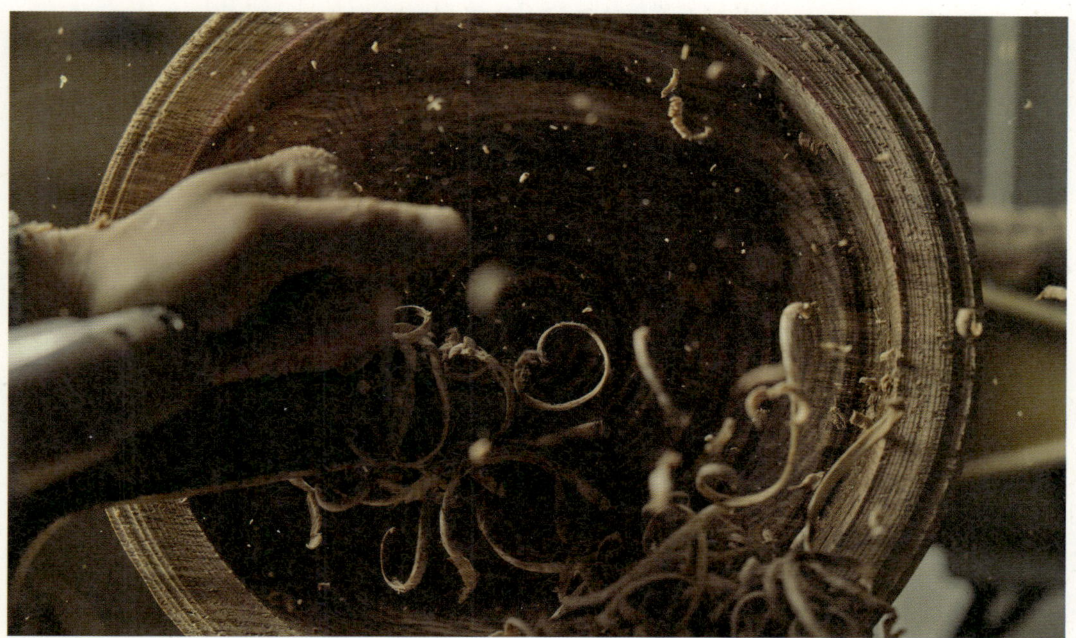

볼 때마다 뿌듯한 감정이 들기도 하고요. 도리어 제가 부족함이 많은 존재라 그런가 싶지만, 사람들은 저마다 다른 흔적을 가지고 있기에 인간적이라고 느껴요. 이유를 완벽히 설명하긴 어려워도 마음이 끌리는 건 불완전한 걸 그대로 드러내는 쪽입니다.

이솝과 협업을 하면서 인상 깊었던 장면이 있나요?
가장 긴 시간을 가지고 진행된 프로젝트예요. 한 해의 절반은 하비스트 캠페인에 집중했거든요. 단 1분의 영상과 몇 장의 이미지를 위해 십수 명의 사람들이 3일간 작업실에 모여 있었는데, 그때 느낀 엄청난 집중력과 진정성이 협업하는 내내 인상적으로 남아 있어요. 자신의 자리에서 최선을 다하는 모습이 정말 멋지다고 생각했습니다. 저 자신에게도 동일한 형태의 작업을 수없이 반복해 보는 건 작업량과 집중력의 한계를 가늠할 수 있기에 의미가 있는 작업이었어요.

앞으로 보여주고 싶은 작업의 방향성이 있을 텐데요.
언제 어디서든지 구현할 수 있는 일정한 물성을 만드는 건 하고 싶지 않습니다. 작업의 주인공이 작업자가 아니라 나무이길 바라기 때문에 그 시간과 공간, 그 만남에서만 비롯되는 작업을 좋아해요. 그러려면 수많은 나무를 만나야 하고 공간도 지금보다 더 넓은 곳이 필요하겠네요. 소음이 발생할 테니, 멀리서 이웃의 불빛이 보일 정도로 떨어진 숲속 작업장에 산처럼 나무를 쌓아두고 작업하고 싶어요. 너무 외딴곳은 무서우니까요(웃음).

그럼요(웃음). 하비스트 캠페인을 마무리하며 작가님께 추석은 어떤 의미인지 묻고 싶어요.
이전에는 때마다 시간을 내어 모이는 게 봉사나 효도라고 생각했어요. 지금은 완전히 달라져서, 추석은 가족을 모이게 하고 함께하지 못한 사람을 기억하게 만드는 순기능이 있다고 느껴요. 1년 중 가족과 함께 보내는 시간이 가장 긴 때가 바로 추석인데, 이때 편안함을 느끼는 건 저를 위하고 생각해 주는 가족 덕분입니다. 고마움이 커요.

마지막으로 이번 협업을 통해 전하고 싶은 메시지를 들려주세요.
우리 모두 사랑할 수 있는 능력을 받았습니다. 그러니 좋아하는 것을 더 좋아하면 좋겠어요. 그 자체로도 충분히 가치 있는 마음이니까요. 나아가 눈으로 보이는 것이든, 마음에 있는 것이든 아름다움을 가까이하려는 노력을 하면서 지내시길 바라요. 그러면 이 계절만큼이나 풍요로운 삶이 되리라 믿습니다.

이솝 하비스트 캠페인 '시간의 흔적을 따라'
O. 2024년 8월 26일—9월 22일 H. Aesop.com

일상과 휴식이 조화로운

에디터 차의진
자료 제공 LIFEWORK LIVING

라이프워크 리빙LIFEWORK LIVING은 패션, 커피와 리빙의 경계를 허물어 풍요로운 라이프스타일을 제안한다. 이들이 선보이는 '메가스토어'는 카페, 인테리어 오브제와 더불어 일상과 휴식이 조화를 이루는 복합문화공간이다. 메가스토어의 문을 열어, 허물어진 경계를 자유롭게 드나들며 공간이 선물하는 세 가지 경험을 향유해 보자.

©라이프워크 메가스토어 청평점

일상을 밝히는 실용품

공간에 들어서면 시원한 라탄 소재의 바구니와 제품이 시선을 붙든다. 개성이
돋보이는 형태를 갖췄지만 자연에 맞닿은 소재로 제작되어 어디에 놓여도
자연스럽다. 가을과 겨울엔 포근함이 느껴지는 원목 제품을 만날 수 있다니
계절에 맞춰 공간에 변화를 불어넣기 좋다. 일상을 돕는 아름다운 물건 사이로
거니는 기분에 흠뻑 잠겨보자.

로컬 크래프트 오브제

각국 로컬 크래프트에서 직접 골라 들여온 오브제도 공간에 놓았다. 이국의
장인들이 정성스레 매만진 작품들로, 만듦새가 좋지만 합리적인 가격에 안아
갈 수 있다는 장점도 있다. 각 나라 문화가 엿보이는 다채로운 오브제를
살피며 나의 취향을 닮은 조각을 발견해 보자. 그리고 좋아하는 공간의
어딘가에 놓아보자. 새롭고 만족스러운 일상의 한 장면이 완성될 것이다.

분위기를 더하는 조명

카페와 누리는 휴식

다채로운 오브제를 살피는 동안 잠시 쉬어갈 자리도 마련됐다. 카페에서는
커피는 물론 제철 과일 음료도 맛볼 수 있다. 특히 아이스 아메리카노는
브랜드 메인 심벌 '라독' 모양 얼음과 함께 제공된다. 공간이 선물하는 휴식
한 모금을 마시면 은근한 미소가 번진다. 이곳에 머무는 나와 나를 품은 시간이
만족스러워진다. 메가스토어에서만 누릴 수 있는 하루다.

라독 아이스 아메리카노와 카푸치노

Instagram @lifework.living / @lifework_megastore

추억과 기억

대구에 가본 적 없는 내가 대구 이야기를 써야 한다고 하니 반려자가 대구 요리 이야기를 쓰라며
농을 던진다. 그거참 좋은 생각이네? 대구뽈찜이 대구 지방 음식인 줄 알았던 때도 있었지.
이 글은 이런 식의 연상 작용을 따라서 썼다. 대구뽈찜에서 시작된 이야기는 어떻게 끝이 날까?

글·사진 정다운

동대구역의 추억

시시껄렁한 농담으로 시작했지만, 나에게도 대구와 얽힌
추억이 있다. 하지만 한 번도 대구에 발을 디딘 적은 없다.
가본 적 없는 대구의 추억을 이야기해 볼까? 서울에서
태어나서 자라다 내가 다섯 살, 동생이 두 살이 되었을 때
우리 가족은 부산으로 이사를 했다. 아빠 직장 때문이었다.
그리고 명절 때마다 가족 구성원 모두의 고향인 서울에
갔다. 부산역에서 서울역까지는 새마을호를 타고 4시간
10분 정도 걸렸고, 열차는 동대구역과 대전역에 정차했다.
정차 시간은 약 5분 남짓.
열차가 동대구역에 멈추면 아빠는 플랫폼에서 파는
우동을 사기 위해서 열차에서 내렸다. 그 5분이 얼마나
빠르게 흐르던지, 어린이 인생에서 가장 짧고 강력한
5분이었다. 아직 아빠는 돌아오지 않았는데, 열차는 문을
닫고 슬금슬금 출발했다. 항상 그랬다. 우리는 의자에 앉아
있지 못하고 엉덩이를 들썩거리며 고개를 쭉 빼고 문 쪽을
바라봤다. 열차가 속도를 내기 시작할 무렵 저쪽 문에서
아빠가 양손에 우동 두 그릇을 들고 나타났다. 우리는
박수를 쳤다. 우동 맛은 잘 기억나지 않는다. 그렇지만,
우동 국물이 여전히 따뜻했던 감각은 어렴풋이 남아 있다.
아빠랑 내가 28살 차이니까, 내가 10살 무렵 아빠는
38살이었다.
이 글을 쓰다가 아빠가 평소에 우동 드시는 모습을 본 적이
없다는 걸 깨달았다. 항상 우동보다는 라면을 좋아하셨다.
그중에서도 햄이며 야채 같은 것들을 잔뜩 넣고 얼큰하게
푹 끓인 신라면. 나도 우동을 그렇게 좋아하지 않는다.
그런데 아빠는 왜, 매번 기차를 탈 때면 동대구역에 내려
우동을 사 오셨을까? 지금 생각해 보면 그건 오로지
'재미'였다. 젊은 아빠는 작은 스릴이 즐거웠을 거고,
우리가 초조해하는 게 귀여웠고, 박수를 치며 반가워하는
모습이 재미있었을 거다. 동대구역에서는 여전히 우동을
팔고 있을까? 우리 가족이 다시 경부선 열차를 탄다면,
우리 중 누가 우동을 사 올까? 아마 여전히 아빠일 것
같다.

구구의 위로

우동을 다 먹고 나면, 간식 카트에서 귤을 사서 까먹었다.
귤 다섯 개가 플라스틱 그물망에 줄줄이 담겨 있었다.
귤을 까먹으며 '구구 아저씨'가 오길 기다렸다. 구구는
간식 카트에서 팔지 않고 구구 아저씨가 오직 구구만

들고 다니면서 팔았다. 우리는 혹시 딴짓하다가 구구
아저씨가 지나가는 걸 놓칠까 봐 늘 촉각을 곤두세우고
기다렸다. '구구99'는 마치 단팥빵처럼 동그랗고 납작하게
생긴 아이스크림이다. 겉에 초코가 코팅되어 있고,
속엔 아몬드가 몇 개 들어 있다. 아몬드가 든 부분을
남겨두었다가 마지막에 먹는 걸 좋아했다.
어린이였던 나와 동생은 서울 가는 길이 마치 소풍
길처럼 즐거웠지만, 서울에는 호랑이 같은 친할머니가
기다리고 있었다. 엄마는 고향으로 향하는 그 기차 안에서
즐겁지만은 않았겠지. 그렇다면 아빠도 마냥 신나진
않았을 거다. 무거운 분위기를 깰 수 있는 건 우동과
귤과 구구였다. 평소에 아이스크림을 즐겨 먹지 않고,
우리에게도 잘 사주지 않으셨던 엄마도 기차에선 꼭
구구 하나를 다 드셨다. 지금도 동그란 구구를 마트에서
발견하면 꼭 산다. 껍질을 까고, 그 껍질로 구구 한 구석을
잘 잡고 한입 베어 먹으면 새마을호 안에 있는 것 같다.
열차가 서울에 진입하면 슬슬 우린 창가에 붙어 섰다.
이제 한강이 보이고 반짝이는 금빛 63빌딩이 등장할
거다. 63빌딩이다! 외치며 신나 하는 우리 뒤에서 엄마는
한숨을 쉬고 계셨겠지. 그렇게 도착한 친가에서 무슨 일이
있었는지는 잘 기억이 안 난다. 엄마는 명절 내내 두통에
시달렸고, 자주 화장실에서 구토를 하셨다.
친가 일이 끝나고 외가에 가면 엄마는 우리와 가방을 집에
던져두고 바로 옷을 갈아입고 외출을 했고 아주 늦게
귀가했다. 엄마도 아빠도 오랜만에 찾은 고향에서 각자의
친구들을 만나는 시간. 비로소 진짜 명절의 시작이었다.
우리는 부모님이 없는 외가에서 친척과 사촌들의 눈치를
보며 조용히 빈둥빈둥 시간을 보냈다. 참 이상하지.
외가에서 구체적으로 무엇을 하며 시간을 보냈는지는
하나도 기억나지 않는데, 서울로 향하던 기차 안 일들은
이토록 생생하다.

보이지 않아도

내가 다니던 부산의 고등학교는 높은 언덕 위에 있었고
창문으로 멀리 바다가 보였다. 그래서 우리는 창가 자리에
앉는 걸 좋아했다. 10시까지 야간자율학습을 했기 때문에
노을도 매일 볼 수 있었다. 비록 서쪽 바다는 아니었지만,
그래도 해는 바다와 하늘을 물들이며 졌다. 그 모습을
오래 기억하고 싶어서 종종 그 풍경을 그림이나 글로
남겨두기도 했다. 그때부터였던 것 같다. 커튼을 내리고
문을 닫고 실내에 있더라도 나는 바다가 어느 방향에
있는지 직감적으로 안다. 늘 저만치 바다를 두고 살던

사람의 버릇. 서울로 이사를 왔고, 서울에선 바다가 보이지
않았다. 대신 한강과 한강 줄기 천들로 시선이 갔다. 이
강의 끝엔 바다가 있겠지. 지하철 2호선이 당산철교를
지나 한강을 건널 때면 늘 부산을 떠올렸다.
얼마 전, 이제 학교 창문으로 바다가 보이지 않는다는
소식을 우연히 들었다. 그럴 수가 있나? 바다가 어디 갈
리는 없고, 학교 건물도 예전 그대로인데. 대체 왜? 왈칵
눈물이 날 만큼 당황했다. 바다 바로 앞에 초고층 건물이
많이 들어서서 바다를 가린단다. 바다가 보이지 않는 우리
학교는 여전히 우리 학교일까.
얼마 전 엄마에게 전화가 왔다. 울먹이는 목소리였다.
"○○ 이모가 인지 기능 저하래."
요즘 계속 연락이 되지 않아서 걱정하며 수소문하던 중에
소식을 들었다고 했다. ○○ 이모는 부산에 살고 있다.
우리 가족은 IMF 때 부산을 떠나 다시 서울로 이사를
했다. 아빠가 다니던 회사가 순식간에 문을 닫은 탓이었다.
그렇게 도망치듯 부산을 떠난 지 오래되었다. 그동안에도
엄마는 부산에서 친하게 지낸 친구들과 계속 연락을
해왔다. 성인이 된 후에도 이모들을 종종 만났다. 호쾌한
성격의 ○○ 이모는 아주 멋쟁이였다. 가끔 어떤 이모는
내 친구 같기도 한데, 그 이모가 그랬다. 엄마는 여전히
눈물이 섞인 목소리로 덧붙였다.
"무슨 일이 있으면 가장 먼저 연락하고 싶은 친구였어.
내가 가장 의지했는데…."
엄마는 그 소식을 들은 후에도 가끔 이모에게 문자를
보낸다고 한다. 하지만 읽지도 않고 답장도 없다. 어떤
날은 1이 사라지고 읽은 표시가 뜬다는데, 여전히 답은
없다고 한다. 이모는 엄마를 잊은 걸까. 영영 그렇게
잊힐까. 엄마는 잠이 오지 않는다고 했다.
가족이 치매에 걸리는 일에 대해서는 종종 생각해 보곤
했다. 외할머니가 치매를 오래 앓았다. 평생 다정하고
부지런하고 친절했던 할아버지는 할머니 간병을 전담했다.
그리고 어느 날, 할머니보다 먼저 세상을 떠나셨다. 갑자기.
정말 갑자기. 할아버지가 떠나고 외가 식구들은 말수가
줄었다. 어린 시절에 가까이 살지 않아서 할머니랑 사이가
가깝지 않았는데, 돌아가시기 얼마 전에 내 손을 한참
잡고 계셨던 기억이 난다. 많은 말을 나누진 않았지만,
처음이자 마지막으로 꽉 잡은 손이 따뜻했다. 치매였던
데다가 다리를 다쳐 걷지 못하셔서 외가 가족들이 함께
고생을 길게 했다. 지금 남은 가족들은 힘차게 행복하게
잘 살고 있다. 그 과정을 멀찍이 지켜보면서 가족이 치매에
걸리는 건 악몽 같다고 쉽게 생각해 버렸던 것 같다. 대체로
미디어의 영향이겠지. 그런데, 가장 가까운 친구가 치매에
걸리는 일이, 어떤 기분인지에 대해서는 한 번도 생각해
보지 않았다. 엄마는 왜 '치매'라는 말 대신 '인지 기능

저하'라는 말을 골랐을까. 잠들지 못하는 밤 엄마는 무슨
생각을 하고 계실까.

추억과 기억

서귀포시 안덕면의 '포도뮤지엄'에서는 〈어쩌면 아름다운
날들〉 전시를 하고 있다. "초고령사회로 빠르게 진입하는
오늘날, 노년의 삶을 대하는 우리의 시선에 온기를 더하고
세대 간의 공감을 모색하고자 마련했습니다." 기억과
노화에 대해 오래 생각하게 해주는 좋은 전시라 벌써
세 번째 관람을 했다. 지난 두 번은 그저 좋다 정도의
감상이었는데, ○○ 이모 소식을 듣고 다시 보니 전시가
다르게 읽혔다. 조각조각 난 그림, 띄엄띄엄 놓인 물건,
계절에 따라 변하는 나무, 눈을 감고 그리는 사랑하는
사람의 얼굴… 그 사이에 삶이 있었다. 파편처럼
흩어졌지만, 기억의 흔적은 여전하고 삶은 여전히
존재한다.
그날 집에 돌아와 욘 포세 소설 《아침 그리고 저녁》을
읽었다. 의도한 건 아니었다. 마치 시처럼 음악처럼
흘러가는 물처럼 읽힌다. 그 흐름 곁에 내 삶이 놓여 있다.
멀리서 흘러가는 물과 삶을 바라본다. 반짝이는 윤슬 같다.
어쩌면, 아름다운 날들. 아침보다 저녁에, 태어남보다
죽음에 공감하고 골똘하게 되는 요즈음이다. 기억이
사라지면 나는 나일까, 하는 생각이 하나 더 얹어진다.
학교 창문에선 더 이상 바다가 보이지 않지만 거기엔
분명 바다가 있다. 지금 학교를 다니는 학생들은 본 적이
없을 수도 있겠지만, 나는 봤다. 나는 기억한다. 그건
거기 있었다. ○○ 이모도, 동대구역의 우동 가게도 다
존재했다.
〈어쩌면 아름다운 날들〉 전시는, 나란히 앉아 노을 지는
창밖을 바라보던 여고 동창과 함께 봤다. 바다와 하늘은
매일 아름답다는 걸, 팍팍하던 고3 시절에도 충분히 알고
있던 다정다감한 내 친구. 전시를 보고 나와 뮤지엄 1층
카페에 마주 앉아서, 우리가 만나지 않은 동안 있었던 일에
대해 이야기를 나누었다. 주로 병원과 관련된 이야기였다.
이런 검사를 받았고, 지금은 괜찮아졌다는 이야기. 서로
근처 병원을 소개해 주며 우리는 씩씩하게 헤어졌다. 이제
우리 학교에서 바다가 보이지 않는다는 이야기는 끝내
하지 못했다.

대구에는 여행지가 많다

주제를 알림 받자마자 확신했다. 어라운드에서 우리 집 가계의 뒷조사를 했구나 싶은 구석이 없지 않았다. 이유는 이렇다. 나는 47살 먹은 올해까지 대구를 30번은 넘게 가봤다.

글 배순탁—음악평론가·〈배철수의 음악캠프〉 작가

지금도 설이나 추석 명절이 되면 어떻게 해서든 대구에 가려고 애쓴다. 다름 아닌 큰아버지와 큰어머니를 뵙기 위함이다.

나는 대구 출생은 아니다. 돌아가신 아빠가 대구에서 나고 자랐다. 몇 년 전 세상을 떠난 아빠는 1939년생이다. 대구에서 태어나 서울로 올라와서 결혼했고, 나를 낳았다. 외동아들이다. 따라서 나는 서울 사람이지만 대구에 '엄청' 자주 내려가는 서울 사람이기도 하다. 돌아가신 지 오래된 할아버지, 할머니가 계셨고, 큰아버지랑 큰어머니가 지금도 살고 계신 까닭이다. 현재 두 분이 사시는 댁은 수성구 어디쯤이다.

어린 시절 대구로 내려가는 길은 언제나 즐거웠다. 부모님이랑 새마을호를 타면 바나나 우유를 먹을 수 있었고, (지금은 없는) 식당 칸에서는 함박스테이크 혹은 돈까스가 나를 기다리고 있었다. 나도 안다. 바나나 '맛' 우유로 바뀐 걸 모르지 않는다. 그래도 이해해 주길 바란다. 옛날에는 그냥 다 바나나 우유라고 했다. 아무리 노력해도 초등학교가 입에 붙지 않는 것과 비슷한 이치다. 대구에 가서도 즐겁긴 마찬가지였다. 나는 겨우 국민, 아니 초등학생이었고 할머니는 나를 귀여워하셨다.

할머니의 오른쪽 옆구리에 달린 돈주머니에서는 내 용돈이 화수분처럼 계속 나왔다. 만화방에서 만화책을 보고, 오락실에서 오락을 한 뒤에 돈이 다 떨어지면 할머니한테 쪼르르 달려갔다. 그러면 할머니는 웃으면서 또 돈을 줬다. "우리 할머니 엄청 부자네." 어린 마음에 감탄했던 게 지금도 기억난다.

그때와 똑같이 즐겁다면 그건 아무래도 거짓말이다. 우리 가족 모두 나이를 먹었고, 어느 정도는 삶에 지쳤기 때문일 것이다. 한데 이 지친 삶에 위로가 되어주는 존재 역시 가족이기에 우리는 명절 때마다 어김없이 모인다. 모여서 밥을 먹고 이런저런 얘기를 하면서 시간을 공유한다.

대구에 내려가면 할 일이 하나 더 있다. 돌이켜보면 어린 시절 내 활동 반경은 큰집을 넘지 못했다. 당연하다. 만화방과 오락실만으로도 충만한, 작은 세계였던 까닭이다. 그러나 언제부터인가 하루 정도 짬을 내어 대구에 있는 곳들을 하나둘 둘러보기 시작했다. 결론부터 말한다. 사람들이 대구에 대해 오해하고 있는 게 있다. 대구에 여행할 만한 장소가 영 없다는 거다. 전혀 그렇지 않다. 추천할 만한 여행지는 있다. 다만 아직 매체의 세례를 충분히 받지 못했을 뿐이다. 여기, 아무리 못해도 대구에

30번은 넘게 가본 사람이 추천하는 여행지를 소개한다. 최소 30번이다. 어떤가. 이 정도면 신뢰할 만하지 않겠나. 대구는 꽤 큰 도시다. 사람 많다. 그곳에서 가장 유명한 동성로는 사람으로 들끓는다. 출퇴근 시간이면 차도 많이 막힌다. 그러니까, 나처럼 체질적으로 사람 많은 거 못 견디는 분이라면 괜찮을 거라고 장담한다. 좀 한적하게 여행 즐기고 싶은 분에게 추천한다.

김광석 거리 & 방천시장

첫 번째로 꼽지 않을 수가 없는 곳이다. 그래도 명색이 음악평론가인데 김광석 거리를 빼놓고 다른 장소를 선정한다는 건 좀 웃길 것 같아서다. 김광석 거리는 김광석 좋아하는 분이라면 필수 코스다. 그의 노래를 열창하는 버스킹 공연도 있고, 야외 테라스에서 맥주 한잔도 기분 좋게 즐길 수 있다. 이곳이 흥하면서 부근에 위치한 방천시장이 되살아나기도 했다.

수성못

몇 년 전 텔레비전에서 수성못이 나오는 걸 봤다. 예능 프로그램 〈어서 와~ 한국은 처음이지?〉였다. 이 프로그램에서 핀란드인 남편과 그의 아내가 대구 수성못을 산책하는 장면이 나왔는데 꼭 한번 찾아서 보길 권한다. 화면으로만 봐도 '저기 한번 산책하고 싶다.'는 생각이 저절로 들 것이다. 이곳은 꽤 넓고, 고즈넉하다. 여기서 잠깐. 산책이란 무엇인가. 나에게 산책이란 시간을 느리게 가게 하는 행위다. 바쁜 현대인에게 시간은 총알과도 같다. 아침인가 싶었는데 점심 먹고 있고, 점심 먹고 졸면서 겨우 일하나 싶었는데 저녁을 먹고 있다. 아직 안 끝났다. 분명 조금 전에 저녁 먹고 하루를 좀 여유 있게 마무리하자 싶었는데 어느새 잠자리에 들 시간이다. 수성못에서는 시간이 느리게 간다. 어느덧 좀 알려져서 사람이 꽤 있기는 하지만 공간이 넓어서 문제 될 건 없다. 물론 롤링 스톤스The Rolling Stones가 노래한 것처럼 "시간을 내 편으로 만든다"는 건 정말이지 어렵다. 그러나 수성못에서는 어쩌면 가능하다. 방금 언급한 롤링 스톤스의 노래는 참고로 'Time Is On My Side'다. 무라카미 하루키의 소설 《기사단장 죽이기》에도 나온다.

화산산성 전망대 & 합천영상테마파크

날씨 좋을 때 '강추'하는 곳이다. 화산산성은 전망이 예술이고, 좋은 공기 들이마시면서 건강도 챙길 수 있다. 특히 포토존이 제법 괜찮다. 여기에 앉아서 사진 찍으면 예술 작품 하나 건질 수 있을 것이다. 이 위에서 내려다보이는 군위댐과 아름다운 자연 풍광을 눈에 담아가길 바란다.

대구에서 조금 떨어진 합천영상테마파크는 드라마, 영화에 나온 세트장을 구경할 수 있는 곳이다. 실제로 영화 〈암살〉, 〈택시운전사〉, 〈밀수〉, 드라마 〈비밀의 숲〉, 〈킹메이커〉, 〈헌트〉 등 100여 편이 넘는 작품을 이곳에서 찍었다고 한다. 인터넷으로 찾아보고 좋아하는 작품이 있다면 가서 구경해 보길 권한다. 조용필의 '단발머리', 혜은이의 '제3한강교', 샌드페블스의 '나 어떡해' 등 〈택시운전사〉에 나온 음악 정도는 미리 챙겨 가면 좋을 것이다. 최헌의 '앵두', 펄 시스터즈의 '님아', 산울림의 '내 마음에 주단을 깔고', 김 트리오의 '연안부두' 같은 〈밀수〉 OST도 빼놓을 수 없다.

피의 여행

서울 사람의 당일치기 대구 여행. MBTI 'P(즉흥적)'는 이렇게 여행한다.

글·사진 김건태

"주말 대구 여행. 신체 건강한 용자 구함. 꿀잼 보장." 내 다급한 구인
공고에 친구들 반응은 시큰둥했다. "이 여름에 대구라고? 거긴 지금 끓고
있어.", "여행이 아니라 수련을 가는 거야?" 여행에 대해 아무것도 모르는
풋내기들 같으니라고. 나는 친구들의 비아냥을 뒤로하고 혼자 동대구행
기차표를 예매했다.

계획은 완벽했다. 아침 기차를 타고 대구에 간 뒤, 대구 최고의 음식을
먹고, 대구 최고의 명소에 들르고, 대구에서만 할 수 있는 경험을 한
다음, 기차를 타고 서울로 돌아온다. 큰 틀만 짜고 디테일은 그때그때
결정하자는 게 이번 여행의 콘셉트였다. 사실 여행은 일정 부분의
불확실성을 보장해야 더 풍성해진다. 작정하고 간 여행에서는 딱
계획한 만큼만 누릴 수 있지만, 훗날 기억에 남는 건 의도치 않은 사건과
인연이라는 것. 내게 주어진 시간은 6시간뿐이지만 그걸로 충분했다. 혹
누군가 "고작 한나절 만에 한 도시를 여행할 수 있는가?" 묻는다면, 나는
"명상도 30분이 넘어가면 사색이 아니라 수면"이라고 대답하고 싶다.
뭐든 적당한 게 좋다.

기차는 서울역에서 정시에 출발했다. 아침 해의 방향을 고려해 좌석을
서향으로 예매한 것이 주효했다. KTX의 비싼 가격에 걸맞은 적당한 실내
온도와 잘 정화된 공기, 차창 너머 흘러가는 여름 숲의 풍경이 아련했다.
낯선 도시를 여행하며 내가 준비할 건 딱 하나였다. 이방인의 마음을 갖는
것. 어릴 적 부모를 따라 LA로 이민 갔다가 수십 년 만에 고향으로 돌아와
모든 게 다 신기한 이민 2세처럼, 길거리의 표지판 하나, 사람들의 복식과
표정 하나하나를 새롭게 바라보는 것이다.

이방인이 처음 만난 대구의 인상은 온통 빛뿐이었다. 동대구 역사를 나와
광장에 섰을 때, 무자비하게 쏟아지는 태양 광선에 시야가 아득해졌다.
"여기는… 천국인가?" 어떻게든 정신을 다잡아야 했다. 드넓은 동대구
초원 위에 길 잃은 영양처럼 두리번거리며 지하철역을 찾았고, 멀리
"자유와 활력이 넘치는 파워풀 대구"라는 캐치프레이즈가 걸린 입구를
발견했다. "파워ㄹ풀!" 하고 미국식으로 발음하자 오히려 힘이 빠지는
기분이었다.

대구 지하철은 심플했다. 다지류 수십 마리가 엉긴 듯 복잡하게 꼬인
서울의 지하철 노선도와 달리 세 노선이 한눈에 알아볼 수 있을 만큼
직관적이었다. 지하철에 앉자마자 귀에 꽂은 에어팟을 빼버렸다. 음악

대신 현지인들의 대화를 듣고 싶기 때문이었다. 하지만 아무도 말하지
않았다. 안내 방송 역시 서울과 같은 억양이었다. 왜 대구 지하철인데
서울말로 방송을 하는가? 왠지 서운한 마음이 들었다.
여행의 첫 번째 목적지는 돈가스 가게였다. '대구를 대표하는 먹거리'를
찾아봤더니, 막창과 무침회, 뭉티기가 검색됐다. 하나같이 군침을
흘릴 만한 것들이었지만 점심 식사로는 적합하지 않았다. 내 기준에서
그것들은 술안주였다. 언젠가 술을 즐기지 않는 친구와 '회는 식사인가,
안주인가?' 문제로 논쟁한 적이 있었다. 단 한 번도 술 없이 회를 먹어본
적 없는 나로서는 그의 발상이 신선했다. 친구를 따라 회를 반찬 삼아
먹어봤지만 영 적응이 되지 않았고, 반면에 친구는 광어회와 청하의
어울림을 깨닫고 훗날 술 없이 못 사는 몸이 됐다.
'대구에서 제일 맛있는 돈가스 집'이라는 지극히 광고스러운 리뷰에
혹해서 달려간 곳은 오픈 전에도 대기가 길었다. 이렇게 대단한 곳에서
대기 명단에 인원 1을 적는 게 영 미안했지만, 친구가 없는 게 죄는
아니잖아…. 한참을 기다려 모둠 카츠를 주문했다. 정갈한 모둠 카츠를
먹으며 '나는 지금 대구 최고의 음식을 맛보는 중이야.' 하고 되뇌었다.
사실 연남동에서 파는 돈가스와 크게 다르지 않은 맛이었다. 연남동의
돈가스 가게도 줄을 서는 걸 보면 어쩌면 이게 돈가스가 닿을 수 있는
궁극의 맛이려나 싶었다.
대구 돈가스를 먹고 대구 버스를 타고 닿은 곳은 '프롬티디에스'라는
이름의 편집숍이었다. 우연히 영상에서 본 그곳에는 작은 모퉁이마다
해가 머물고, 그 자리에 식물이 자라고 있었다. 그곳에선 낯선 이에게
편지를 쓸 수 있었는데, 편지를 써서 보관함에 넣고 누군가가 쓴 편지를
받아 오는 식이었다. 단단한 책상 위에 작은 편지지 두 장과 잘 깎은
연필이 놓여 있었다. 나는 그곳에 앉아 이름도 얼굴도 모르는 타인에게
편지를 썼다.

> Dear. 낯선 사람.
> 아침 기차를 타고 서울에서 대구까지 혼자 왔어요. 오자마자
> 돈가스를 먹고 이곳에서 편지를 씁니다. 이 편지지는 칸이 너무
> 좁아서 벌써 손목이 아프네요. 그렇지만 꿋꿋이 써볼게요. 멋진
> 말을 쓰고 싶은데 아무것도 생각나질 않아요. 거창한 조언이나
> 감동을 기대했다면 미안합니다. 저는 대구에 와서 한 번도 음악을
> 듣지 않았어요. 이 도시만의 소리를 듣고 싶어서요. 대구는 참
> 고요하네요. 햇살은 강하고. 그러고 보니 이번 여름이 참 길어요.
> 옛날에 여자친구랑 있을 때 "여름 너무 더워."라고 했더니
> "여름은 원래 더운 거야."라고 하더라고요. "그냥 가만히 있으면
> 돼."라고 덧붙이길래 가만히 있었는데 전혀 나아지지 않았어요.
> 당시에는 여자친구를 좋아했기 때문에 아무 말도 하지 않았지만
> 땀은 멈추지 않았죠. 무진장 더워도 티를 내지 않는 것, 아마도
> 그런 게 사랑일까 싶어요. 물론 지금은 헤어졌지만…. 지나고 보면
> 아주 조그만 것들이 사랑이라는 이름을 갖는 거 같아요. 무용하고
> 사소한 농담, 별거 아닌 거 같지만 쉽게 잊히지 않는 어떤 순간들

말이에요. 에어팟의 도움 없이 이 여행을 마무리해 보려 합니다.
잘 쉬다가, 걷다가, 우연한 곳에서 나직한 어떤 소리를 듣게 된다면
좋겠네요. 부디 당신의 여행도 그러하길. 손목 아파서 더는 못
쓰겠어요. 급하게 마무리합니다. 그럼 안녕.

From. K.

악필이지만 더듬더듬 편지를 쓰고 스티커로 봉인하고 편지함에 넣었다.
준비 없이 아무 말이나 뱉은 것이 못내 미안했지만, 모두가 멋진 편지를
받을 수는 없는 거니까. 누구에게도 하지 못할 만큼 사소한 이야기를 할
수 있어서, 편지를 쓰며 되려 위로를 받은 기분이 들었다. 조용한 카페에
앉아 익명의 편지를 열었다. 별 특별한 내용은 아니었다. 인생의 지침이
될 만한 문장을 기대했는데 그도 나와 별반 다르지 않았다. 하지만 글씨가
예뻤기 때문에 버리지는 않기로 했다.

대구 제일의 돈가스를 먹고, 시답잖은 편지를 쓰고, 카페에 가서 망고
주스를 마시고, 헌책방에 들러《솔로몬의 보물》이라는 낡은 책을 구입한
뒤에도 시간이 남았다. 그래서 배가 고프지 않은데도 대구의 자랑이라는
중화 비빔밥을 먹고, 하천을 산책하며 길고양이와 숨바꼭질했다. 바위
턱에 앉아 소다 맛 아이스크림을 먹었는데 금세 녹아서 손이 잔뜩
끈적해졌다. "참, 별일이 다 있군." 그렇게 혼잣말을 하는 사이 그림자는
길어지고, 이제는 집으로 돌아갈 시간이었다.

시간에 맞춰 기차역으로 향했다. 한적하던 동대구역이 웬일인지 발 디딜
틈 없이 북적였다. 대한민국 사람 절반이 그곳에 모인 듯했다. 상황판을
보니 모든 기차가 지연 상태였다. 대구에서 부산으로 향하던 KTX가
철로를 벗어나 복구 중이라고 했다. 다행히 사상자는 없었다. 10분 뒤
출발 예정이던 나의 서울행 기차에도 '107분 지연'이라는 당황스러운
문구가 붙어 있었다.

나는 적당히 뭉갤 만한 바닥에 자리를 잡고 앉았다. 제때 출발하지 못해
잔뜩 화가 난 여행객과 그를 달래기 위해 고군분투 중인 역무원, 매표소에
잔뜩 늘어서 환불을 원하는 여행자와 새치기하려고 눈치를 살피는
악당, 그 모든 상황을 중계하기 위해 출동한 취재 기자까지, 그야말로
엉망진창이었다. 그런 와중에 혼자 온 듯 보이는 여행객과 자꾸만 눈이
마주쳐서 살짝 설레었는데, 알고 보니 내 반대편의 텔레비전을 보는
거였다. 거기선 시골 산천을 배경으로 밥을 지어 먹는 예능이 나오고
있었다. 참으로 분주하고 평화로운 풍경이었다.

2시간 30분이 지연된 기차는 자정 무렵에 서울역에 도착했다. 나는
집으로 돌아가는 마지막 버스를 탔다. 차창 밖 곤히 잠든 서울의 밤을
바라보며 하루 동안 대구에서 어떤 소리를 들었는지 기억하려 했는데,
아무것도 생각나지 않았다. 하나의 여행을 말하기 위해선 먼저 그
여행에서 온전히 빠져나와야 한다. 그러므로 당장은 아무것도 생각할 수
없고, 아무것도 말할 수 없는 거다. 나는 의자 깊숙이 몸을 묻은 채 가방
속 에어팟을 꺼냈다. 마침 데미안 라이스의 노래가 나왔고, 집에 도착하기
전까지 그 노래를 자꾸만 자꾸만 반복해 들었다.

글 이주연(산책방)　일러스트 휘리　　오직 혜비만이　　세상에 없는 마을

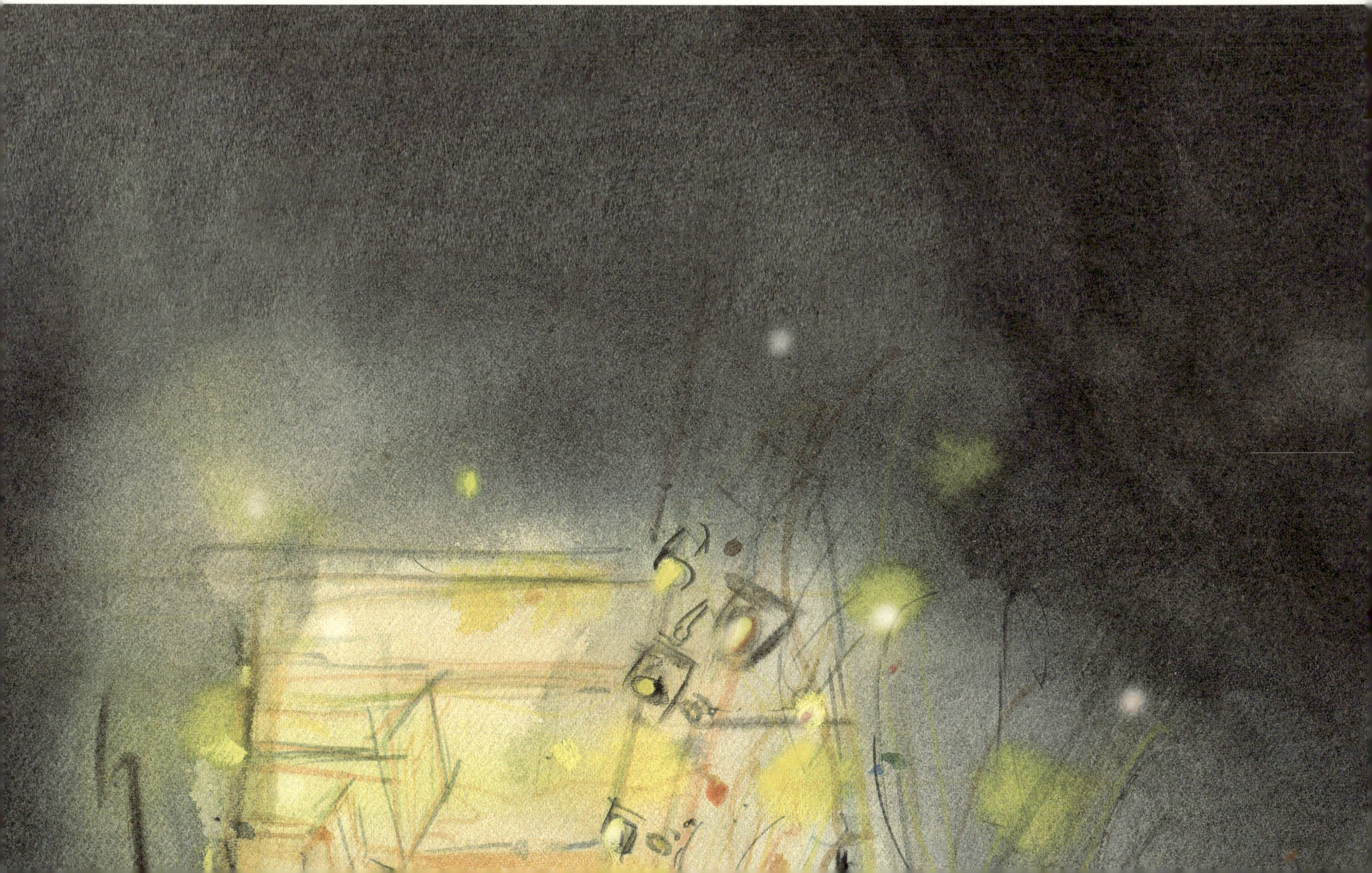

10년도 더 된 일이다. 혼자 KTX를 타고 대구에 간 건. 언제가 처음일까 궁금해
1년, 2년, 3년, 4년… 10년 전 다이어리까지 되돌아가 보았는데 줄곧 기록이 남아
있다. 그러니까 11년 전, 12년 전에도 나는 혼자 대구에 갔다. 한 해에 적게는 두 번,
많게는 대여섯 번도 갔다. 친척 집이 있는 것도 아니고, 친구가 사는 것도 아니었다.
좋아하는 장소나 음식이 있는 것도 아니었다. 내가 대구를 찾은 건 오로지 음악을
듣기 위해서였다. 좋아하는 음악이 있었고 좋아하는 뮤지션도 있었다. 그들이
지방에서 공연을 하게 되면, 그곳이 대구라면, 반드시 장소는 '클럽 헤비Heavy'였다.
나는 음악을 듣고 보기 위해 2000년대 초부터 자주 홍대를 찾았다. 처음 클럽에
가보겠다 마음먹었을 때는 아직 앳된 학생이었다. 클럽이라는 단어가 워낙 어른의
것 같아 머뭇거리다가 어느 날 큰맘 먹고 전화를 걸었다. 지금은 사라진 클럽
쌤SSAM이었다. "교복 입고도 입장이 되나요?" 관계자는 그게 무슨 소리냐는 듯
몇 번을 되묻다가, 비로소 이해하고는 "된다."는 말게 함께 호탕하게 웃었다. 나는
히든카드를 거머쥔 만화 주인공처럼 비장한 마음이었다. 클럽 쌤을 찾아가기
위해 종이에 약도를 그려 몇 번이나 확인했다. 스마트폰이라든지, 로드맵이라든지
하는 게 없던 시절이었다. 몇 차례 헤매다 도착한 쌤. 이 공간이 익숙해 보이는
언니·오빠들 사이에서 교복이 부끄러워 얼른 캄캄함 사이로 틈입한 나는 객석
중간에 덩그러니 세워진 기둥 뒤에 몸을 숨겼다. 쌤이 익숙해지고 나니 그 기둥은
시야를 방해하는 성가신 것이 됐지만, 그땐 작고 소심한 나를 가려주는 좋은
방패처럼 느껴졌다. 음악에 고개를 까딱거리다가 누가 볼세라 주변을 두리번대며
기둥 뒤에 몸을 숨기던 시절. 그때 너는 몰랐겠지, 너 같은 아이는 좋아하는 밴드가
공연을 하면 대구건 부산이건 광주건 제주건 거침없이 보러 가는 어른이 된다는 걸.

10년도 훨씬 더 된 기억이라 첫 여정은 어렴풋해졌지만 헤비의 첫인상만큼은
선연하다. 지하로 내려가는 계단 끝에 뭐가 있을지 궁금해하며 벽에 잔뜩 붙은
포스터를 기웃거리던 어느 오후. 공연 전 무대는 사연을 간직한 악기들만이 알
수 있는 이야기 같았다. 관객들은 그 사연의 힌트라도 얻기 위해 무대 앞에서
까치발을 떼곤 했다. 객석 분위기는 때마다 달랐다. 어떤 밴드의 관객들은 지나치게
다정했고, 어떤 밴드의 관객들은 소란하고 유난스러웠다. 어떤 뮤지션의 관객들은
이상하리만큼 소극적이었고, 어떤 뮤지션의 관객들은 예민하고 뾰족했다. 나는 그걸
알 만큼 많은 뮤지션을 바삐 보러 다니던 어린애였는데 그런 나에게도 '최애'라는
것이 있었다. 어느 날 헤비에서 나의 '최애'가 '88년'이 들어가는 노래를 부르기
전에 물었다. "여기 혹시 1988년도에 안 태어난 사람도 있나요?" 쭈뼛거리며 손을
들었더니 어디선가 "꺅!" 소리가 들렸다. 뭉툭하고 따뜻한 손 네 개가 사방에서
나를 꽉 끌어안았다. 헤비에만 가면 나는 막내가 됐다. 아마도 그 당시 30대였을
대구 언니들은 내가 헤비에 갈 때마다 버선발로 뛰어나와 안아주곤 했다. "왔어? 안
힘들었어?" 나는 이름도 모르는 언니들을 십수 년간 만나며 그 사이에서 소심하게
어깨춤을 추었다. 때로는 양발을 떼 콩콩 뛰어보기도 했다. 대구에는 어떤 안심
같은 게 있었다. 음악으로 둘러싸인 방패 같은 것이, 뮤지션을 볼 땐 덤덤하지만
나를 보면 "꺅!" 소리 지르던 언니들의 유난한 상냥함 같은 것이. 그런 것을 사위에
두고서 나는 어른이 되었다. 꼭 그때 그 언니들만큼의 나이가 되었다.

크레이지 버드

짝지와 나는 2012년쯤 알게 되었다. 우리가 처음 만난 건 역시 공연장이었다. 짝지를 처음 봤을 때, 어쩐지 그녀는 나와 정반대 사람일 거라고 생각했다. '저 사람은 나를 좋아하지 않을 거야.'라고 지레짐작한 것도 같다. 그런 우리는 이상할 정도로 음악 취향이 똑같았고, 나는 공연장에서 매번 그녀를 보았다. 일주일에 한 번, 많게는 서너 번까지 공연장에서 마주치곤 했다. 나는 대체로 혼자였는데 그녀는 혼자일 때도, 누군가와 함께일 때도 있었다. 좋아하는 걸 함께한다는 건 확실히 매력적인 일이다. 가끔 그 매력이 어떤 분위기와 맞물려 엄청나게 증폭될 때가 있는데, 짝지와 내가 함께 있던 어느 공연장에서 딱 그랬다. 이상한 힘에 이끌려 절대 말 섞을 리 없다고 생각한 그녀와 통성명을 했고, SNS 계정을 주고받았다. 이제는 X라는 이상한 이름이 된 트위터에서 우리는 몇 번 말을 섞었다. 주로 공연에 관한 정보였다. 우리는 그 뒤로도 줄곧 공연장에서 만났지만 눈인사하거나 꾸벅 목례하는 게 다였다. 십수 년 공연을 보다 보니 친해진 관객도 있고, 단둘이 만나게 된 친구도 생겼는데 짝지와 나는 그 누구보다 자주 같은 공간에 머물면서도 단둘이 만나거나 사적인 이야기를 나눈 적이 없었다. 나한테 그녀는 여전히 이국의 사람처럼 멀게만 느껴졌다. 그러다 어느 날, 좋아하는 밴드가 나흘 내리 대전-대구-부산-전주 공연을 하겠다는 파격적인 안내를 해왔다. 지방 투어였다. 으레 이런 공연은 주말마다 진행되기 마련인데, 이색적이게도 연속 나흘의 행진이었다. 평일도 끼어 있는데, 지역도 다 다른데, 나흘 모두 갈 수 있을까? 가고 싶은데? 생각하던 나는 짝지 또한 같은 생각을 하고 있다는 걸 알았다. 나는 짝지 손을 덥석 잡고 말했다. "해보자, 미친 짓!" 그렇게 우리는, 단둘이 만나 제대로 시간을 보낸 적도 없던 우리는 나흘 동안 네 지역을 여행했고

비슷한 목소리로 환호했다. 같은 음악을 따라 불렀고, 같은 선율에 춤을 추었다. 나는 그때 그녀가 내 짝지임을 확실히 알았다. 평생 이렇게 나와 떠돌아 줄 진짜 짝지. 그 뒤로 대구, 전주, 대전, 부산, 광주, 심지어 일본까지 많이도 함께 다녔다. 그러니까 짝지와 헤비에 가는 건 그리 이상한 일이 아니었다. 이미 혼자서도, 같이도 많이 다니던 공간이니까.

10년쯤 전인가, 우리는 헤비에 가기 위해 대구로 향했다. 각자 일이 바빠 공연 시각이 임박해 대구역에 도착한 우리는 택시를 타기로 했다. 부랴부랴 택시에 올라 "클럽 헤비요!" 외치고는 들썩이는 궁둥이를 가라앉히기 위해 안전벨트를 맸다. 그런데 좀 이상했다. 기사님이 자꾸 옆으로 새고, 낯선 길로 진입하는 것이 아닌가. 우리한테 "서울에서 왔나?" 하고 물은 뒤부터 동선이 뒤틀리기 시작했다. 평소 같으면 꿔다 놓은 보릿자루처럼 손톱만 물어뜯었을 텐데, 공연 시각이 임박했음을 알게 됐을 때 내 안에서 뭔가 뜨거운 것이 올라왔다. "기사님, 지금 돌아가시는 거죠! 저 헤비 알거든요! 공연 시작한단 말이에요!" 기사님이 말을 얼버무리면서 이게 더 빠른 길이라고 했지만 그런 말이 들릴 리 없었다. 결국 10분 정도 늦게 도착해 따지지도 못하고 공연장에 입장했는데, 잔뜩 성이 난 마음은 헤비의 익숙한 노란 조명 속으로 들어가는 순간 모두 잊었다. "나는 노란색 헤비에 들어가면 마음이 편해져." 그런 내 말을 듣고 짝지가 물었다. "노란색? 헤비가?" 무대에선 두 번째 곡이 한창이었지만 우리는 좀처럼 집중하지 못한 채 헤비의 색에 대해 이야기했다. 같은 공간에 선 우리는 갸웃거리며 서로의 시각을 의심했다. "이거 봐, 노란색이잖아.", "무슨 소리야? 초록색이잖아." 결국 아무 결론도 내리지 못한 채 우리의 의문은 음악 속으로 흩어지기 시작했다.

나에게 헤비는 그런 곳이다. 친구 집보다 훨씬 먼데도 친구 집보다 훨씬 더 자주 간 공간. 헤비 무대 뒤쪽을 꾸미고 있던 반짝이는 종이와 색지들은 조악해서 사랑스러웠고, 고양이 모양을 곁들인 헤비 로고는 그 자체로 사랑스러웠다. 나는 헤비에서 많이도 울고 웃었다. 라이브엔 생각보다 훨씬 더 큰 힘이 있어서 작은 소리에도 흠뻑 설렜고, 작은 몸짓에도 금세 감격했다. 대구의 명물은 헤비. 오로지 그뿐이었다.

부모님과 대구에 몇 번인가 놀러 갔다. 가족과 자주 기차 여행을 했기에 기차역이 있는 대구도 몇 번인가 찾게 된 지역이었다. 그날도 나는 헤비에 갔다. 공연을 보러 대구에 가겠다는 딸내미 여정에 편승해 가족여행이 이루어진 것이었다. "공연 끝나면 8시쯤 될 것 같은데?" 사실 알고 있었다. 8시를 훌쩍 넘길 거란 걸. 공연이 끝나고 나면 감도는 분위기를 좋아한다. 밀려오는 아쉬움과 채 가라앉지 않은 달뜬 설렘이 섞여 드는 그 분위기를. 특히 라이브가 귀한 지방 팬들에겐 특유의 어수선함이 있었다. CD로 입을 가리고 "꺄아!" 하는 수줍은 팬이 있는가 하면, 아무렇지도 않게 앨범 열댓 장을 쌓아놓고 전부 사인을 받아 가는 팬들도 있다. 그런 면면을 보는 것이 나는 좋았다. 그날도 그랬다. 공연 구석에서 귀여운 어수선함을 즐기며 두리번대다 보니 금세 9시가 됐다. 엄마아빠가 밤까지 저녁을 굶고 있다는 걸 퍼뜩 깨닫고 계단을 올라가 급히 택시를 잡았다. 예의 택시 기사님과는 달리 안전히 운전해 '김광석 거리'로 나를 데려다준 기사님.

김광석 거리를 산책하던 부모님을 만나 사진을 몇 장 찍었다. 대구에는 재미있는 장소가 많다. 김광석 거리, 닭똥집 골목, 막창 골목…. 대구에서 나고 자란 친구 말로는 우리나라 프랜차이즈 대부분이 대구 것이란다. 특히 치킨. 그래서 치킨 축제도 하는 거라나? 그날 우리가 선택한 저녁 메뉴는 막창이었다. 가리는 게 몹시 많던 내가 드디어 음식의 참맛을 하나씩 알아가던 때였다. 그러니까 막창이니 곱창이니 하는 것을 이제 막 먹어보고 '맛있잖아!' 하던 때. 호기롭게 대구 막창을 먹자고 출사표를 던졌다. 우리가 도착한 식당은 제법 유명하다는 곳이었고 사람들로 시끌벅적했다. 야외 테이블까지 꽉 찬 그곳에 엉덩이를 비집고 한 자리 차지하고는 막창 볶음을 주문했다. 깻잎과 양배추가 수북한 요리를 보면서 맛있겠다고 생각하던 찰나 불쑥 고릿한 냄새가 코를 찔러왔다. '이게 무슨 냄새지?' 하면서 막창이 익기를 기다리는데, 막창을 볶아주던 알바생에게 아빠가 너스레를 떨었다. "여기 막창이 그렇게 맛있다면서요?" 사춘기처럼 보이는 알바생은 대꾸하기 싫다는 투로 시선을 불판에만 꽂은 채 "아… 예." 한마디만 남기고 입을 다물었다. 순식간에 머쓱해지는 분위기. 나는 재빨리 아빠 입에 쌈을 싸서 넣어주었다. 엄마 입에도 넣어주었다. 그리고 내 입에도 넣었는데, 응? 목구멍이 탁 막히는 기분이었다. '이게 무슨 맛이야?' 이상한 냄새가 나는 통에 두어 점 먹다 그만두어야 했다. 나중에야 알았다. 내가 먹고 맛있다고 생각한 막창은 소의 것이었고, 그때 먹은 건 돼지의 것이었음을. 대구는 나에게 여러 처음을 맛보게 한 도시다. 돼지 막창도, 악의 있는 택시 기사도, 지방 클럽도…. 대구는 그런 도시다. 음악이 있고, 밴드가 있고, 나를 안아주는 언니들이 있고, 속여먹는 택시 기사도 있는, 사춘기 알바생의 쭈뼛거림과 돼지 냄새가 진동하는 그런 동네. 꼬부랑 할머니가 되어 지팡이를 짚고 헤비에 가는 상상을 한다. 숱한 추억의 가지를 지나고 나면 그 뿌리는 반드시 헤비에 닿으므로, 먼 미래에도 내게 대구란 오롯한 헤비일 것이다. 대구가 있는 이상 헤비도 있고, 헤비가 있는 이상 대구도 있다. 오직 헤비만이 나의 대구다.

T.227-0145

대구의 대구법

여태 한 번도 가본 적 없는 도시 대구. 그럴 수도 있지. 거기에 나와 관련된 무언가가 없었을 뿐이다. 그런데 한번 가보려고 마음먹었더니, 마치 오랜 마음의 창고였다는 듯이 이 사람도 대구에 있고 저 사람도 대구에 있었다.

글·사진 전진우

무궁화호를 탄다

서울을 벗어날 일이 생기고 내가 운전을 하지 않아도 되면, 나는 늘 기차를 타고 싶다. 한꺼번에 많은 사람들과 함께 같은 방향으로 이동하는 일이 내 생활에는 좀처럼 없는 사건인데, 기차에서는 간단해진다. 자리에 앉아 있기만 하면 어딘가로 통째로 옮겨지고, 그것이 마치 모난 데 없이 잘 살고 있다는 것처럼 해석되어 괜히 마음이 편안해지는 것이다. 개성도 좋지만 남들과 비슷하게 사는 게 가끔은 좋은 꿈처럼 여겨지는 것도 어쩌지 못할 일이다. 일정하게 들리는 기차 바퀴 쪽의 백색소음과 수시로 바뀌는 창밖 풍경이 그런 잠깐의 평화를 돕는다.
기차를 타고 대구로 가는 동안 비어 있던 십 년에 관해 생각했다. 고향인 의정부에서 학창 시절부터 친했던 친구와 서로 다투고선 못 만난 지 벌써 십 년이 다 돼 가고 있었기 때문이다. 소식에 의하면 한두 해 전부터 그 친구는 연고도 없는 대구에서 혼자 살고 있었다. 연고가 없기는 나도 마찬가지. 대구에는 생전 가본 적이 없었다. 대구에 관한 글을 써야 하고 대구에는 절교한 친구가 산다. '명분이 생겼다.' 나는 망망대해에서 어딘가 점을 찍을 수 있다는 사실에 단순히 기뻤다. 돛을 올렸다. 한데 그렇게 기차에 오르긴 했어도 막상 생각해 보면 내 전화를 받을지조차 알 수 없는 일이었다. 나는 미리 귀띔하고 약속을 받아내는 실수는 하기 싫었다. 못 만나면 못 만났지 이 산뜻한 기분을 망치지 않으리. 별다른 계획 없이 곧장 기차에 올랐다. 무궁화호를 타고 천천히 대구에 다가갔다. 따뜻한 커피와 책. 기차에서 네 시간을 휴가지 소파처럼 사용하면서.

비어 있던 시간

대구에 도착하고 나서 친구 하나가 더 왔다. 나처럼 K를 못 본 지 십 년이 다 되어 가는 또 한 명의 고향 친구. 지금은 평택에서 지내며, 일곱 살 딸아이의 아빠가 되었다. 그의 아내는 K와 나의 고교 동창이었다.

그래서인지 친구는 용케 시간을 내서 대구까지 왔다. K는 걱정대로
내 전화를 받지 않았다. 30분 간격으로 두 번이나 했는데 신호음만
울리고 대답은 없었다. '오히려 마음 편안하네. 꼭 만날 필요도 없지.'
그때 그런 생각을 잠시 했던 걸 미뤄보면, 대구로 향하는 동안 나도
모르게 긴장하고 있었다는 걸 이제는 안다. 내 전화에 반응이 없던
K는 뒤늦게 도착한 다른 친구의 문자 메시지에 답했다. 우리가 벌써
동대구역에 있다고 했더니 금세 나와 주었다.
화가 난 듯한 표정, K는 말끔하게 차려입고 나와서 말했다.
"왜 자꾸 연락하냐."
그저 얼굴 보러 온 거라고 나는 순순히 대답했다. 나도 모르게 빠른
대답을 하고 나서는 속으로 K의 질문을 곱씹었다. 그래 내가 여기까지 왜
왔을까. 안 보고도 잘 살았는데 말이야.
"잘 지냈냐. 나는 가끔 생각나더라."
머릿속과 입 밖의 세계가 서로 엉키는 기분이 들었다. 남자들 셋이서
그것도 십 년 만에 만나 술집에 앉아 있었더니 소주가 정말 잘 들어갔다.
5차, 6차. 우리는 아침 해가 밝을 때까지 술을 마시고, 3차쯤이었나
예전에 다툰 이야기를 잠시 나누며 서로 언성을 높였다.

4차에서는 또 예전 고향에서처럼 낄낄거리며 웃었다. 대구든 부산이든
제주도든 그렇게 셋이서 취해서 떠들고 있으면 어디든 의정부처럼 느껴질
것이었다.
그래 이제 꺼져. 썩 꺼져. 아침 7시에 헤어지며 K가 우리에게 말했다.
친구의 여전한 말투. 미리 잡아놓은 호텔에 도착하니 7시 반이었다.
남들이 조식을 먹고 있을 때 체크인을 하고, 미리 추가금을 지불해 놓은
뒤 오후 1시까지 잠을 잤다. 잠들기 전에 어렴풋이 3차 때 언성을 높인 게
생각났다. 아주 예전에 그랬던 것처럼 나는 조금 후회가 되었다.

말이 많은 남자들

K 말고 대구에서 만나볼 사람은 친구 H의 아버지였다. 대구가 고향인
친구 H와 친해지고 나서 여러 번 아버지에 관한 이야기를 전해 들었는데,
그가 말끝마다 했던 말이 아빠가 자기 친구들을 만나면 좋아할 것 같다는
얘기였다. 대학에서 식물생리학을 가르치다가 얼마 전에 정년 퇴임하고서
사무실을 하나 얻어 책을 읽기도 하고 쓰기도 하며 지내는 사람. 대구까지
왔으니 H와 함께 그의 아빠를 보고 돌아가기로 하고, 내친김에 K도 다시
불러냈다.

사무실은 오래되고 낮은 아파트 2층에 있었다. 우리가 도착했을 땐 친구
세 분과 있었는데, 이미 몇 시간째 수다를 나누고 있는 중이었다. 환자들
사연을 듣다가 미쳐버릴 것 같다는 정신과 의사와 상담만 하면 수술하지
말라고 토닥여 돌려보내는 가난한 성형외과 의사 그리고 전국 최고령
꽃꽂이 자격증을 따려고 준비 중인 직업 불명의 친구분까지. 의사 친구
두 명과는 K와 나처럼 학창 시절부터 알고 지낸 사이라고 했다. 토요일
오후의 사무실에 노란 해가 들어서 형광등 불빛과 섞이고 담배 연기에
반응하는 공기청정기가 열심히 돌고 있었다.

그래 너는? 음, 그래 그럼 너는? 간단한 소개 시간이 지나고 내가 물었다.

"아저씨는 싸워서 안 보게 된 친구도 있어요?"

안방에서는 H의 아버지를 뺀 세 명이 쉬지 않고 이야기를 하고 있었다.
내 질문에 K가 어이없다는 듯 조소를 띄웠던 것 같기도 하고.

"속 쓰려서 안 보는 친구는 있었는데, 미워서 안 본 친구는 없지."

아저씨가 말했다.

"아빠가 돈 빌려줬다가 못 받은 아저씨가 있어. 제일 친했던 아저씨."

H가 설명을 덧붙였다.

"그래도 이제 다 갚았다. 그런데 H야, 그 아 죽었다. 장례 다 끝나고
동생이 연락 왔더라."

갑자기 분위기가 아래로 무거워졌다가 겨우 제자리로 돌아왔다.

"말년에 고생이 많았을 거다."

짧은 말들로 대화가 마무리되고 다른 주제로 넘어갔다. 그 집에서
나와 역까지 태워준다는 아버지의 말을 거절하고, 우리는 택시를 타고
대구에서 가장 유명하다는 떡볶이 가게로 향했다.

"아까 아빠 울리려고 하더라. 기분 이상했어."

H가 말했다. K와 나는 별다른 대답을 하지 않았다. 윤옥연 할머니
떡볶이를 먹고 그 맛은 전혀 이해하지 못한 채로 우리는 동대구역까지
걸었다. 30분쯤 걸었을까. 아직은 더위가 한창이어서 셋 다 땀을 많이
흘렸다. 걷는 내내 K는 나를 놀려댔다. 주제랄 것도 없이 계속하는 바람에
몇 마디는 아예 반응도 할 수가 없었다. 10여 년 전과 다른 게 있었다면,
내가 그의 조롱에 화가 나지 않았다는 것. '진짜 잘 놀리네.' 속으로
그렇게 생각했을 뿐이다. 듣고 있던 H는 또 의정부에 온 것 같다면서
절레절레 고개를 저었다.

돌아가는 길에는 무궁화호 말고 KTX를 탔다. 이제는 당장 타는 기차도
애플리케이션으로 예매하고 종이 티켓도 필요가 없다.

"순방향으로 해. 검은색 좌석들. 하얀색은 역방향으로 앉는 좌석이야."

몸이 무뎌서 앞으로 가나 뒤로 가나 사실 상관없지만, 나는 습관처럼
말했다. K가 우리를 역까지 배웅해 주었다. 그러고 보니 미안하다는
말도 고맙다는 말도 대구에서는 하지 않았다. 어떤 말이든 하나는 할 것
같았는데 술에 맘껏 취하고 놀림만 받고 돌아가려는 중이었다. 잘 지내라.
내가 말했다. 꺼져 썩 꺼져. K가 그렇게 말했나, 기억이 잘 나지 않는다.
그렇게 헤어진 우리는 며칠이 지난 지금도 따로 연락이 없다.

순방향으로 앉아 이제는 대구에서 서울로 향하고 있었다. 그러나저러나
기차에 탄 이들은 모두 한꺼번에 움직이고 있네. 앉아 있기만 해도 순순히
삶을 살아내고 있는 듯한 편안함 속에서. 나는 생각했다. 그러고 보면
이번 여정에서는 K만 아무것도 타지 않았다.

일상의 낙차

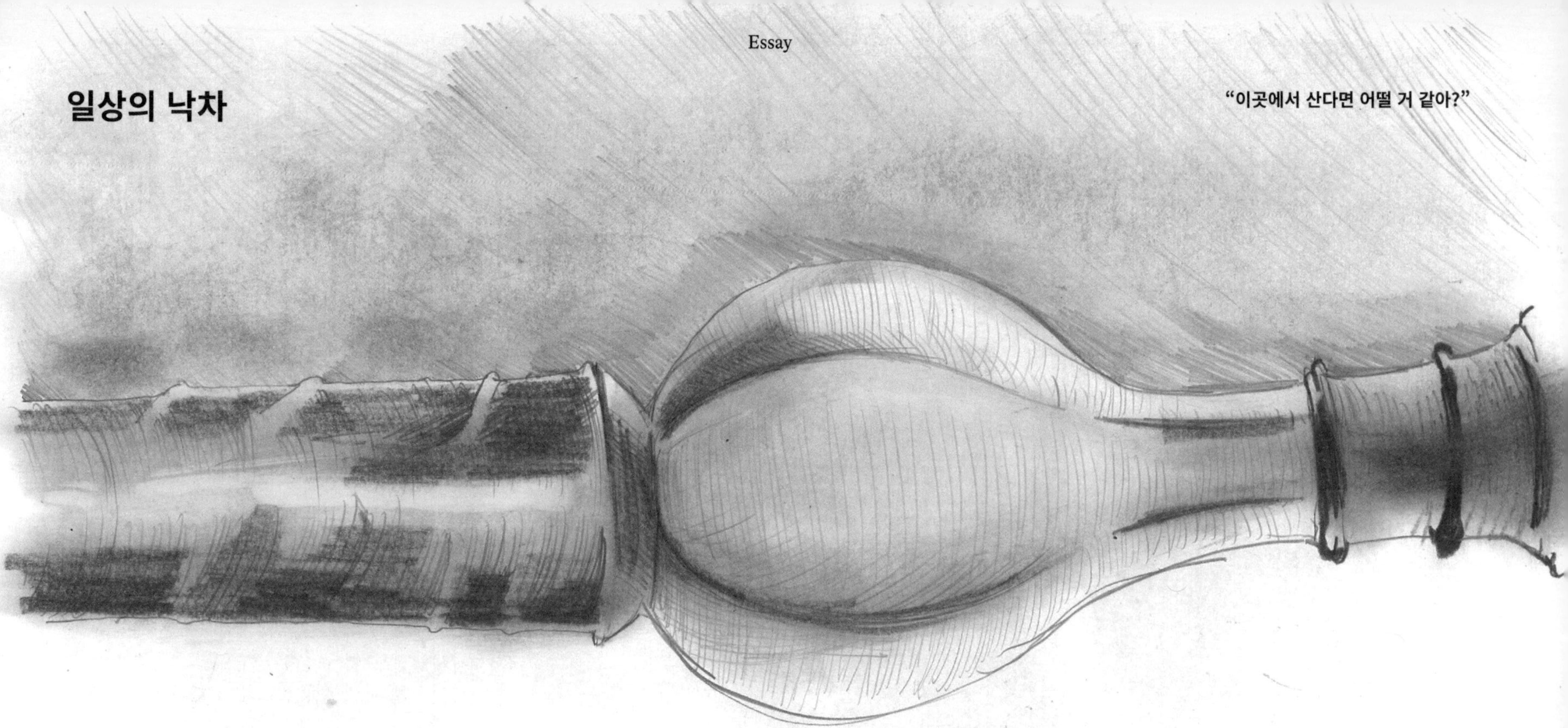

여행 중이라면 어느 곳에 가더라도 동행인에게 꼭 묻는 질문이 있다.
"이곳에서 산다면 어떨 거 같아?"
여행지를 격하게 좋아하거나 싫어해서 묻는 질문이 아니다. 낯선 장소에서 익숙한 풍경을
만났을 때, 세상 어느 곳에나 만개한 지루함을 만났을 때 문득 슬퍼지며 묻게 되는 질문이다.
"사람 사는 데 다 똑같겠지."라는 게 나한테 질문을 받은 동행인들의 주된 대답인데 사람들은
어느 곳에서나 똑같은 삶을 살고 있다는 사실, 가끔 그 뻔한 사실에 나는 신경이 쓰인다. 나의
특별한 장소, 휴가 차 떠난 여행지에서 삶을 영위하는 사람들, 그들의 별다르지 않은 삶을
엿보게 되면 어쩐지 봐서는 안 될 것을 본 것 같은 기분이 되어버린다.
관광지에서 살아가는 사람들은 관광객에게 자신의 삶을 내보이려 하지 않는다. 에메랄드빛
바다가 찰랑거리고 야자수의 넓은 잎사귀가 진한 그림자를 만드는 열대 지방에선 여행자들에게
그들의 일상을 내보이지 않는다. 여행자 길들이기, 그곳에 사는 사람들은 능숙한 미소와 함께
익숙한 방식으로 여행자들을 환대한다. 그곳을 처음 방문하는 사람들은 보살핌받는 사람,
환대받는 사람으로 길들게 되며 되도록 빨리 낯선 장소에 적응하려 한다. 여행자는 짐을 풀고
편한 각도의 의자에 누워 시원한 음료를 마시며 좋구나, 그래 나 이제 쉬러 왔구나, 생각하게
된다. 그러나 이토록 기분 좋은 환대는 한편으로는 불안한 마음이 들기도 하는데, 나를
반겨주고 아껴주는 그들이 시야에서 벗어나면 곧 만나게 될 이곳의 일상 때문이다. 여행지에서
차를 타고 나가면 그리 멀리 나가지 않아도 그들의 진짜 삶을 곧 만날 수 있다. 한적한 도롯가에
드문드문 놓인 집들과 땅끝까지 뻗은 건물의 그림자. 정돈되지 않은 공터, 지루한 강아지들.

관광지를 조금만 벗어나면 빈 땅이 많다. 환대로, 미소로, 파란 바다와 시원한 음료 등 무언가로
가득 차 있던 곳에서 벗어나 공허한 풍경을 마주하면 늘 가지고 다니는 나의 질문이 스멀스멀
올라온다. '이런 곳에서 산다면 어떤 느낌일까? 아마도 무척 심심하겠지? 그리고 무척
외롭겠지?' 나는 종종 휴양지에 도착하기 전 그곳에서 경험하게 될 삶의 낙차를 먼저 걱정하게
된다. 나는 서울에서 태어나 한 번도 서울을 벗어나 살아본 적이 없다. 평생을 도시에서만
살아봐서 그런 걸지도. 나는 한적한 장소의 느낌을 두려워하거나 낯설어하는 것 같다.
한 번도 서울을 떠나본 적이 없다는 걸 부끄럽지 않게 말하는 것으로 나의 배경을 잘 설명할
수 있을 것 같다. 미국 밖에는 뭐가 있는지 모르는 미국 사는 바보 같아 보일지도, 아니 인구
대부분이 수도권에 살고 있으니까 서울이 아닌 곳에서 살아보지 않은 게 그렇게 특별한 일은
아닐지도 모르겠다. 서울 밖은 잘 모르는 바보로서, 나는 서울 바깥의 모습을 지리 시간에
배운 모습으로 가득 채웠다. 대구엔 사과가 유명하고, 청양은 고추가 유명하다. 단양은 마늘이
유명하다…. 차를 타고 순식간에 지나간 도시의 어느 모습은 도시에 대한 나의 빈약한 이해를
확신으로 전환시켜 주기도 했다. 정말로 단양에선 가로등이 마늘 모양이었고, 청양의 가로등은
고추 모양이었다. 그것도 아주 빠알간 고추 모양…. 대구는 단 한 번도 차를 타고도 지나가
본 적이 없었다. 그러니 사과와 분지 등으로 조합된 대구의 이미지는 쉽게 변할 일이 없었다.
대구의 심리적 거리는 미국의 어느 도시만큼이나 먼 곳이었다. 이를테면 포틀랜드나 휴스턴
같은. 나에게 포틀랜드는 《킨포크》 잡지 사진 같은 곳이고, 휴스턴은 로켓을 쏘는 곳이다.
그나마 지리 책에서 배운 도시는 팩트에 기반한 쓸 만한 내용이었지만 고등학교 졸업 이후로

인터넷에서 배운 대구의 이미지는 도움 될 게 하나도 없는 것들뿐이었다. 날씨가 덥다고 하여 대프리카, 사건 사고가 많이 발생한다고 하여 고담 대구라는 별명이 붙었다. (경찰청 자료에 따르면 실제로 대구는 서울 및 6대 광역시 중 강력범죄 발생률이 가장 낮은 도시로 나타났다.) 내 주변 사람 중 대구에서 자란 사람들도 모르는 사람들이 떠드는 도시의 이미지에 이미 익숙해져 버린 듯 굳이 자신이 살던 도시를 두둔하거나 미화하려 들지 않았다.

"어 대구 덥지, 더워…. 근데 곱창은 맛있어."

대구에 곱창이라는 하나의 키워드가 더해지는 순간이었다.

도시로의 여행이란 무엇일까? 몇 년 전 공모전 심사 차 처음으로 대구를 방문했다. 대구로 떠나는 KTX 안에서 나는 휴양지에서의 환대와는 다른 좀더 무뚝뚝한 환영 방식을 상상했다. 사람들이 복작거리는 길거리에서 거기 서 있지 말고 비키라고 소리치는 상인과 엄청 맛있는 음식을 내주면서 무심한 듯 툭 던지는 식당 주인. 이런 장면들을 상상하며 서울이 아닌 도시에서는 이런 삶이 만연할 거라 생각했다. 이른바 '고담'이라는 별명이 붙은 거친 도시라면 충분히 그보다 더한 것도 기대할 수 있었다. 그러나 만연한 것은 사실은 '로컬' 병이다. 휴양지에서나 낯선 도시에서나 어디에서나 이른바 '로컬'의 모습을 한껏 기대하며 망가질 준비를 해보는 것이다.

날씨가 화창한 가을날 KTX 동대구역에서 내려 처음 마주한 대구의 모습은 깔끔하고 현대적이었다. 현대적이라는 표현이 되려 올드해 보이지만, 그보다 적합한 표현은 찾을 수 없다. 힙하거나 핫하지 않았고, 굳이 서울과 비교하고 싶지 않았으니. 역 앞에 신세계백화점을 왼쪽으로 끼고 선형으로 난 큰길을 따라 오래 걸었다. 물론 서울과는 다른 풍경들이 눈에 띄었지만 그것은 을지로와 강남이 다른 것만큼 많이 다르지는 않았다. 깨끗하고 촌스럽지 않고 좋은 도시라는 느낌이 들었다. 심사 장소까지는 버스로 네 정거장쯤 가야 하지만 걷는 기분이 좋아 그냥 그 거리를 걸어서 갔다.

로컬 체험을 해야 하니까 나는 서울에서 보지 못한 오래된 식당을 찾아 두리번거렸다. 막창, 곱창… 잘 못 먹는 음식이라도 이곳에 왔으면 한 번씩 경험해 보는 게 좋지. 그러나 위장과 대장은 항상 대뇌보다 솔직한 정답을 내놓는다. 오늘처럼 시원한 날씨와 시원한 거리에서는 샐러드가 적합해 보였다. 마침 새로 오픈한 샐러드 가게가 있어 문을 열고 들어가 샐러드를 주문했다. 무인 단말기에 주문을 하고 창가 자리에 앉았다. 서울에서도 샐러드를 먹겠다고 가게에 들어간 적은 없었다.

처음 방문하는 도시임에도, 수많은 별명이 가리고 있던 도시임에도 대구에서 나는 어떠한 심리적인 낙차도 경험할 수 없었다. 도시로의 여행은 이른바 일상이라고 하는 것과 나를 분리시키지 않으며, 심지어는 나를 그들의 일상에 포함시켰다. 도시화는 서울만의 이야기는 아니라서 나는 이미 여러 곳에서 로컬이 되어 있음을 깨달으며 샐러드를 씹었다. 도시를 방문하며 그곳만의 지역색을 기대하는 것, 그곳에서 깜짝 놀랄 경험을 맞이할 준비를 하는 것, 그건 열대 지방 휴양지에서 파라다이스를 찾는 것만큼 순진한 마음가짐이 아닐까 생각해 보았다. 물론 특별하고 다른 것은 있겠지만 이제 그것들은 먼 곳에 있지 않을 것이라고 생각하며 이 가게의 다른 점을 유심히 살펴보았다.

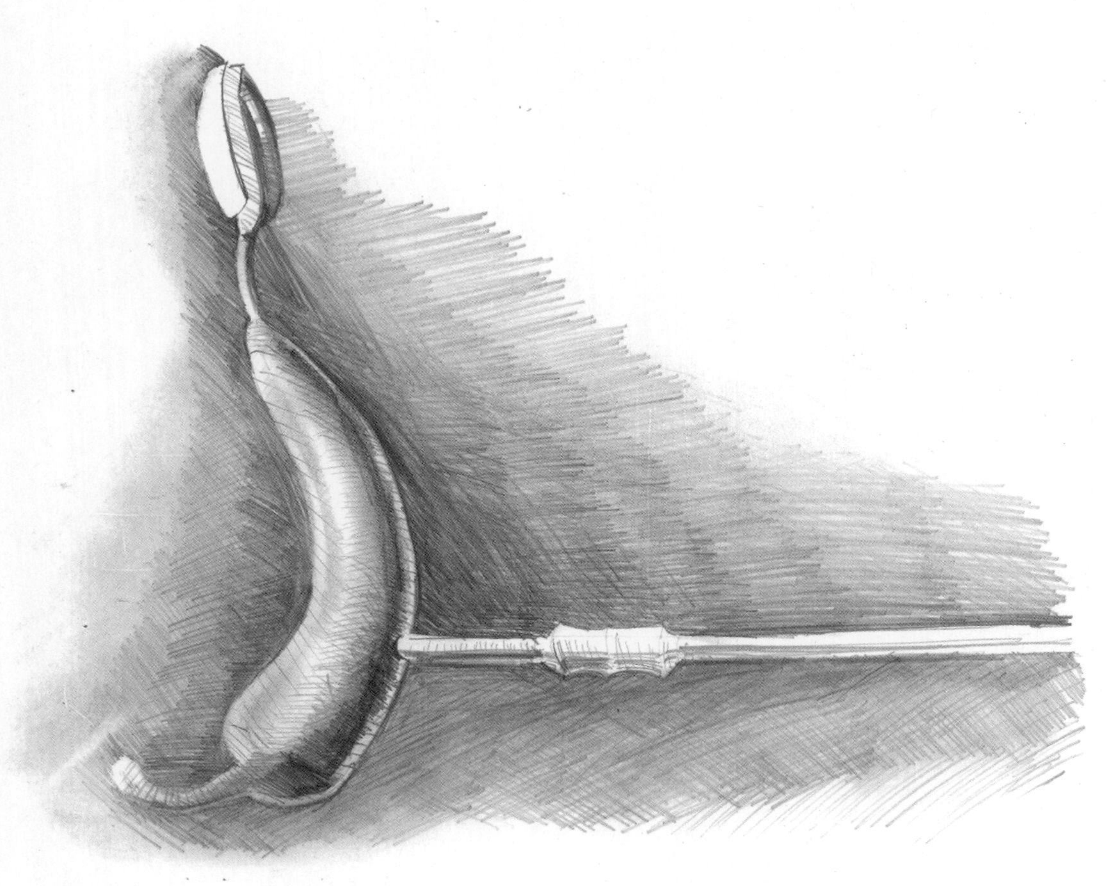

행복하고 싶어요

나 출장 여행 좋아해

글 한수희
일러스트 규하나

어디 보자, 지금껏 출장으로 여행을 간 게… 가까이는
광저우였고, 좀 멀리는 파리와 런던, 그리고 더 멀리는
도미니카공화국이었다. 그러고 보니 세 곳 모두 다른
직업으로 간 것이다. 내 인생, 놀랍다. 그리고 또 다른
직업으로 나는 대구와 대전과 부산과 홍천 등등에
출장을 가게 된다. 내 인생, 정말 놀랍다.

여행 갈 때 입국 신고서의 직업란에 무어라고 쓰시는지? 나는 '무직' 또는 'None'이라고 쓴다. 그렇게 쓸 때마다 '설마 무직은 입국이 거절되는 것은 아니겠지?' 하고 걱정한다. '무직'이라 쓰는 이유는 내 직업이 뭔지 나도 잘 모르기 때문이다. 대학을 졸업한 뒤 일을 안 한 적은 없는데 그렇다고 이걸 직업이라 말하기는 뭣할 때가 태반이었다. 가장 먼저 구한 직업은 패션잡지사의 편집부 어시스턴트였고, 그다음에는 애니메이션 회사의 기획팀에 들어가 1년쯤 일했다. 그리고나서 남성잡지의 편집부 기자를 거쳐 프리랜서 사보 기자, 청소년 예술 교육 강사, 잡지 칼럼니스트, 에세이 작가, 카페 사장이 되었다. 정신없는 인생이었다. 지금의 나는 주업으로 온라인 상거래업을 하며 부업으로 글을 쓰고 가끔 강연이라든가 글쓰기 수업도 한다. 어지럽다. 앞으로 나는 또 몇 개의 직업을 더 갖게 될까.

그 일들을 하면서 몇 번의 출장 여행을 갔다. 잡지 기자로 일할 때는 임신한 몸으로 도미니카공화국의 리조트에 화보 촬영을 하러(촬영하는 모델을 수행하러) 갔고, 예술 교육을 할 때는 파리와 런던의 한글학교에 수업을 하러 갔다. 사업 때문에 광저우의 가정용품 엑스포에 간 적도 있다. 책을 쓰게 된 후에는 북토크와 글쓰기 수업을 빙자해 제주도, 군산, 부산, 속초, 대구를 찍었다. 가장 최근에는 잡지에 실릴 에세이를 위해 홍천에 갔고 글쓰기 수업을 하러 태백에, 강연을 하러 대전과 양평에도 다녀왔다.

일이 아니라면 딱히 인연이 없을 곳에 가는 것이 생각보다 즐거웠다. 무엇보다 명분 있는 여행이라는 것이 (놀기 좋아하지만 노는 데 죄책감을 느끼는) 나의 성향에 딱 맞았다. 그렇다. 나는 출장 여행을 좋아한다. 아, 물론 하루가 멀다 하고 출장길에 올라야 하는 회사원이 이 이야기를 듣는다면

코웃음을 치겠지. 그래서 나는 이 글을 쓰기 위해 일단 겸허한 마음으로 좋아하는 〈인 디 에어〉(2009)부터 다시 봤다.

조지 클루니가 연기한 주인공 라이언은 기업의 해고 대행 회사 직원이다. 그의 일은 정장을 입고 슈트케이스를 끌며 공항에 가서 비행기를 타고 미국 전역에 흩어진 기업들을 방문하는 것이다. 그곳에서 그는 난생처음 보는 이들에게 "당신은 해고됐습니다."라는 말을 전한다.

그는 자신의 삶에 만족한다. 효율적으로 짐을 꾸리고 공항에 가서 체크인을 하고 라운지에 앉아 비행기를 기다리고 렌터카를 빌린 뒤 비슷비슷한 호텔 방에 머무는 삶. 공항, 라운지, 호텔, 기내, 어디서든 사람들은 VIP 카드를 내미는 그에게 친절하다. 그 친절은 인간적인 선의가 아니라 체계화된 서비스일 뿐이지만, 라이언이 원하는 것도 바로 그것이다.

부지런하기 짝이 없는 라이언은 그 와중에 짬을 내어 동기부여 강연의 강사로도 일한다. 강연에서 그는 어깨에 멘 무거운 배낭이라는 예시를 통해 삶의 무게를 줄여야 한다는, 정체되어서는 안 된다는, 언제나 움직이며 앞으로 나아가야 한다는 메시지를 전한다. 그 자신이야말로 그러한 삶의 완벽한 예시다.

라이언의 체계화된 삶에 균열을 만드는 이는 명문대를 갓 졸업한 야심 찬 신입 사원 나탈리다. 나탈리는 굳이 출장까지 가서 해고할 필요가 뭐가 있느냐며, 비용 절감을 위한 화상 해고 시스템을 제안한다. 이제 컴퓨터만 있으면 어느 회사든 온라인으로 연결해 해고를 통보할 수 있다. 출장을 사랑하는 라이언은 새로운 시스템에 반기를 들고, 결국 실전 교육과 화상 시스템 테스트를 위해 나탈리와 함께 출장을 떠나야 한다.

막상 사람들을 눈앞에 두고 해고 통보를 해야 하는 상황에
놓이자 그토록 의기양양하던 나탈리는 말문이 막힌다.
인생은 예행연습과는 다르다. 그의 앞에 앉은 사람들은
숫자도 아니고 수치도 아니고 그래프도 아니다. 그들은
해고라는 말에 놀라고, 충격을 받고, 화를 내고, 절망하고,
눈물을 흘리고, 자살하겠다는 협박까지 한다. 나탈리의
첫 출장 날 밤, 카메라는 호텔 방 창문 너머로 각기 자신의
방에 머무는 두 사람의 모습을 비춘다. 라이언은 익숙한 듯
씁쓸한 얼굴로 밤의 거리를 바라보고, 나탈리는 거울 속
자신을 바라브고 있다.
망해가는 회사, 직원을 해고하는 회사의 풍경은 폐허와
같다. 라이언과 나탈리가 하는 일은 그 붕괴의 속도를
가속화시키는 것이다. 사람들의 삶을 부수는 대가로 그들은
돈을 번다. 영혼이 없는 일. 아니 어쩌면 영혼을 파괴하는
일. 하루아침에 일자리를 잃게 된 사람들에게 문을 열고
들어오는 그들은 마치 저승사자처럼 보일 것이다.

　　아침 여덟시 반이면 동네의 빵집으로 빵을 사러
　　나간다. 빵집은 일분 거리에 있고 빵집으로 가는
　　길에는 한집안 형제자매들이 하는 과일가게가
　　있다. 늘 빵을 사러 떠나지만 올 때는 과일까지
　　사서 돌아오게 된다. 아내와 내가 먹는 빵은 아무리
　　비싸도 1유로를 넘지 않는데 유명한 시칠리아의
　　밀로 만들어서인지 대단히 맛이 있다. 햇볕으로
　　단련된 과육들이 농익은 냄새를 풍기는 과일가게도
　　그냥 지나칠 수 없다. 이곳의 과일가게들은 색의
　　배열에 상당히 섬세하게 신경을 쓰는 눈치다.
　　붉고 노란 오렌지, 연두색과 자주색의 포도,
　　붉은 딸기 같은 것들이 길바닥에 나와 달콤한

　　냄새를 풍긴다. 아침은 빵 몇 개와 커피,
　　과일로 끝내고 다시 일을 하거나 산책을 나간다.
　　　　─ 김영하, 《오래 준비해온 대답》 중에서

나는 왜 이런 문장들을 읽을 때마다 가슴이 뛰는지
모르겠다. 이 문장을 발견한 건 태백에서 강연을 끝낸 후
저녁 식사가 준비되기를 잠시 기다리는 동안 책장에 꽂혀
있는 책들 중 한 권을 꺼냈을 때였다. 그 책은 김영하의
여행 산문 《오래 준비해온 대답》이었다. 대한민국이 다
아는 베스트셀러 작가의 책을 펼칠 때는 모든 여자애들이
좋아하는 남자애와 단둘이 시간을 보낼 때처럼 어쩐지 방어
태세를 취하게 되는데('흥, 내가 너한테 빠질 것 같으냐!'),
이 책을 읽기 시작할 때도 그랬다. '제목부터 센티멘탈하기
짝이 없군.' 하고 심드렁하게 책장을 넘기다가(그러는 내
책 제목들은 센티멘탈하다 못해 청승맞다는 사실…) 첫 장부터
속절없이 작가의 이야기 속으로 빨려 들어갔다. 시칠리아행
기차가 거대한 물고기를 닮은 페리에 오르듯이, 섬의
절벽을 향해 달리던 스쿠터가 눈앞에 펼쳐진 풍경과
한 몸이 되듯이.

　　시칠리아에 불과 일주일 남짓 있었을 뿐이고
　　대부분의 지역을 주마간산식으로 주파하였으며
　　시칠리아 주민들과 인간적인 관계를 맺을 기회가
　　전혀 없었음에도 나는 그곳이 마음에 들었다.
　　그것은 참으로 이상한 일이었다. 왜였을까?
　　시칠리아에는 내가 상상하던 시칠리아 대신
　　다른 어떤 것이 있는 것 같았다. 그게 도대체 뭘까?
　　내 마음을 이토록 잡아끄는 그것은 무엇일까?
　　　　─ 《오래 준비해온 대답》 중에서

내가 20대였을 때부터 인기 작가였고 지금도 여전히 인기 작가인, 모든 걸 다 가진 남자 김영하 40대 초반의 어느 날 그 모든 것들을 다 버리고 떠나기로 결심한다. 〈인 디 에어〉의 해고당한 사람들처럼 남에게 빼앗긴 것이 아니라, 스스로 집어던지기로 한 것이다. 마치 어깨에 멘 배낭 속 짐들을 다 던져 버리고 홀가분하게 움직이고 또 움직이라던 라이언의 동기부여 강연처럼.

그렇게 집까지 판 그가 첫 번째 목적지로 정한 곳은 시칠리아였다. 작가는 일전에 여행 다큐멘터리를 찍느라 시칠리아에 다녀온 적이 있다(내가 좋아하는 출장 여행!). 그러나 느린 다큐를 표방한 이 다큐멘터리의 촬영 현장은 느림이나 여유와는 전혀 관계가 없었다. 한정된 시간 내에 한정된 인력과 한정된 예산으로 최대한의 그림을 뽑아내야 했던 그들은 정신없이 많은 곳에 가고 많은 것을 보았지만, 모든 것이 겉핥기였다.

하지만 나는 출장 여행의 진정한 매력은 겉핥기라고 생각한다. 겉만 핥았기에 그 장소에, 그곳에서 만난 사람들에, 그곳의 삶에 환상 같은 것을 품을 수 있는 것 아닐까? 무언가에 환상을 품을 수 있다는 것은 그 자체로 근사한 일이 아닌가? 마치 지난밤 클럽의 어둠 속에서 잠시 스쳐 지나간 어느 선남선녀에 대한 기억처럼.

출장을 갈 때 나는 여행 계획 같은 건 전혀 세우지 않는다. 이렇게 무방비한 상태로 낯선 도시에 떨어질 때 나는 꼼꼼히 예측하고 준비한 여행과는 다른, 기대도 예상도 못 한 것들을 만나게 된다. 강연을 하러 대구에 갔을 땐 시간이 많이 남아서 일단 자주 들어본 이름의 지하철역에서 내렸는데 역 바로 앞에 이상한 이름의 식당이 있었다. 재미있어서 인스타그램에 사진을 찍어 올렸더니 대구 출신의 누군가가 바로 맛집이라는 답글을 달아줬다. 덕분에 나는 룸살롱을 개조한 야릇한 인테리어의 밥집에 앉아 온갖 계모임을 하는 어르신들과 함께 최고의 백반을 먹었다. 식사 후 동네를 산책하다가 선교사들이 살던 서양식 주택들을 발견해 그 안을 둘러보기도 했다.

지역지에 실릴 에세이를 쓰러 홍천을 1박 2일 배회할 때는 시립미술관에서 전시중이던 금속공예 작가와 짧은 대화를 나눴다. 그는 매일 아침 작업실에 나가 의식처럼 커피를 한 잔 내려 마시며 그날의 작업을 시작할 준비를 한다고 했다. 그에게 매일의 작업은 수련 또는 수행이나 마찬가지라고 했다. 지금껏 결과물을 내는 데 몰두하는 것을 작업으로 알고 있던 나는 그의 말에 신선한 충격을 받았다. 매일의 작업이, 무언가를 만드는 과정이 그 자체로 삶이며 예술이라는 것을 나는 어딘가에서 들어본 적은 있으나 내 삶에 적용은 못 한 채 살아왔던 것이다.

한여름에 도착한 태백에서는 자고 올 생각이 전혀 없었다. 그러나 놀라울 정도로 상쾌한 공기와, 버스를 타고 강연 장소까지 가는 길에 본 아름다운 풍경에 충동적으로 시내의 모텔 방 하나를 예약했다. 그날 저녁 나는 시장의 속옷 가게에서 갈아입을 팬티를 한 장 사고, 화장품 가게에서 로션 대용으로 쓸 마스크팩도 한 장 샀다. 밤에는 황지 연못 앞 작은 카페에서 생맥주를 마시며 책을 읽고, 새벽에 일찍 깨어서는 산길을 천천히 산책했다.

출장 여행이란 그런 것이다. 나는 여기에 볼일이 있어서 왔고 볼일을 끝낸 후에는 어떤 부담도, 책임도 느낄 필요가 없다. 나에게는 보고 느끼고 즐겨야 할 의무가 없다. 심지어 이곳을 좋아해야 할 의무도 없다. 나는 그저 느긋하게 시간을 보내다가 떠나면 되는 것이다. 모든 것은 겉핥기고, 본질 따위는 중요하지 않다. 그리하여 이곳에서의 시간은 나에게 있어 판타지의 시간이다. 현실과는 아무런 관계가 없는, 그래서 더 자유로운 시간.

저녁이 되면 골목 안으로 스쿠터들이 돌아온다.
학교에 갔던 학생들과 일터에 갔던 사람들의
오토바이가 들어오고 골목 안 여기저기서
인사 소리가 들려온다. 이탈리아 사람들은 퇴근을
하면 근처 바에서 간단히 술이나 커피를 마시며
놀다가 저녁을 먹으러 집으로 간다. 대체로
일곱시 반에서 여덟시 사이다. 우리 역시 그 무렵에
간단한 저녁을 차려 먹었다. 맥주와 햄으로
때울 때도 있고 제대로 차려 먹을 때도 있다.
텔레비전도 인터넷도 없는 저녁은 짧다. 설거지를
마치면 이내 졸음이 쏟아지고 우리는 잠자리에 든다.
아무것도 걱정할 게 없을 것 같은 평온한 하루.
걱정들은 종일토록 잠복해 있다가 밤을 틈타
우리를 내습한다. 서울에 남겨놓고 온 것들,
아직 해결하지 못한 문제들이 꿈을 빌려 나의 밤을
괴롭힌다. 리파리의 하루는 그렇게 간다.
— 《오래 준비해온 대답》 중에서

출장 여행은 마치 진짜 여행을 떠나기 전, 공항에서 사 마시는 비싸고 별로 맛도 없는 커피 한 잔 같기도 하다. 굳이 마시지 않아도 된다. 그러나 왠지 마시고 싶다. 공항에서 비행기를 타기 전 커피 한 잔을 마시는 여자인 내가 마음에 든다. 아직 여행은 시작되지 않았고 내 마음은 잔뜩 부풀었으며 이렇게 비행기를 타고 먼 곳으로 여행을 떠날 수 있는 내 팔자에 감개무량할 지경이다.

이 기분은 내가 곧 도착할 낯선 장소와는 아무런 관계가 없다. 아무런 책임도 의무도 없는 쾌락과 방종의 시간이다. 바로, 판타지의 시간이다.

마음에 품은 대구의 그곳

언젠가 들러 볼게요.

동성로 | 발행인 송원준
난 대구를 가본 적이 없다. 하지만 자주 들어서 아는 곳이 있다.
동성로에서 좀 놀아봤다, 동성로에서 학원에 다녔다, 동성로
땅값이 장난 아니다 등. 그곳은 어떤 곳이길래. 전설적인
동성로에 가장 먼저 가보고 싶다.

A. 대구 중구 동성로

근대문화골목 | 편집장 김이경
고등학교 입시 시절에 대구에서 지낸 적이 있다. 그때는 미술
학원과 학교를 오간 것만 기억에 남는다. 여행자로 다시 찾는다면
'근대문화골목'에 가보고 싶다. 대구 친구로부터 추천받았는데,
아직 가보진 못했다. 19세기 후반부터 20세기 초반까지의 모습을
잘 보존한 곳이라고. 선선한 계절에 찾아가고 싶다.

A. 대구 중구 일대

실재계 | 에디터 이명주
낯선 곳으로 가면 좋아하는 카페를 만든다. (혹시나 궁금하다면
속초는 라이픈커피, 부산은 얼룩, 전주는 스틸라이프, 제주는 김금이다.)
들뜬 맘 잠재우고 커피 한 잔 마시면 이방인의 기운이
옅어지는 것 같단 말이지.

A. 대구 중구 경상감영길 175 4층

달고떡볶이 | 에디터 차의진
취재 차 대구에 머물며 저녁 메뉴를 고민하던 날. 떡볶이가
유명하다는 말이 어렴풋이 생각났다. '대구 떡볶이 맛집' 검색
결과 중 제일 끌리는 곳을 찾았다. 이름은 '달고떡볶이'. 하지만
어떤 식당에 가기에도 이미 늦은 시간이었다. 숙소 근처 24시
뼈해장국집에서 다짐했다. 다음엔 꼭 떡볶이를 먹을 테야!

A. 대구광역시 달서구 야외음악당로39길 54

사유원 | 디자이너 양예슬
아마도 내가 유일하게 아는 대구의 장소. 막연히 나무와 수풀이
아름다이 우거진 드넓은 공간이라고만 알고 있던 어느 날,
사유원에서 이따금씩 야외 요가 클래스가 열린다는 이야길
접했다. 터위가 한풀 꺾이고 나면 수련하러 발걸음하고 싶은 곳.
그곳의 자연이 건네는 위안을 온몸으로 받고 와야지.

A. 대구 군위군 부계면 치산효령로 1150

수성못 | 마케터 문주원
여행지에 가면 그곳을 상징하는 공원에 간다. 공원에서 느껴지는
분위기는 그 도시의 사람들과 맞닿아 있기에. 그렇지만 작년
여름의 대구는 더워도 너무 더웠다. 수성못의 호수 풍경은
못 봤지만 다시 대구에 갈 이유가 생겼다. 아쉬운 마음을 달랠
두 번째 여행을 기다려봐야지.

A. 대구 수성구 무학로 78

클럽에그 | 브랜드 프로젝트 디렉터 하나
십여 년 전, 서울에서 날고 긴다는 래퍼와 DJ들이 기꺼이
주말을 할애하던 힙합클럽. 엉겁결에 따라가게 된 대구는
힙하고, 핫하고, 화려했다. 그리고 인상적이었던 대구 특산물
예거마이스터의 맛(아님).

A. 대구 중구 동성로4길 20-7 지하1층

대구단편영화제 | 브랜드 프로젝트 매니저 정현지
정동진독립영화제를 다녀온 후 단편영화들에 관심이 생겼다.
20분 남짓한 시간 안에 마음을 울리는 일이 얼마나 매력적인지.
더 알아보다 "우리는 기필코 영화제라는 멋진 잔치를
마련했습니다."라고 말하는 이 영화제에 꼭 가보고 싶어졌다.
대구의 여름은 두렵지만 극장 안에서 즐긴다면 얼마든지 할 수
있을 것만 같으니!

A. 오오극장 | 대구 중구 국채보상로 537
A. 메가박스 프리미엄 만경관 | 대구 중구 국채보상로 547

이플릭 | 브랜드 프로젝트 매니저 지정현
교동을 대표하는 로컬 편집숍. 대구로 놀러 간다면, 제일 먼저
여기 가서 이곳에서만 파는 '대구(DAEGU)' 티셔츠를 입고
일정을 시작할래.

A. 대구 중구 교동2길 37-10 1층

대구미술관 | 브랜드 프로젝트 매니저 이예린
대구를 가본 적 없는 나는 이상하게도 그곳에서 언젠가 살 거라는
확신을 가지고 있었다. 그런 대구에 대해 짧은 글을 써야 한다고
하니, 아빠가 당장 거길 가자고 했다. 아빠를 말리며 들어간
인스타그램은 귀신같이 명소를 알려주더라! 대구미술관.
방문할 첫 장소다.

A. 대구 중구 교동2길 37-10 1층

1년 정기구독

《AROUND》는 격월간지로 짝수 달 초에 발행됩니다. 정기구독을 신청하시면 어라운드를
온라인 콘텐츠로도 만나보실 수 있으며, 작업실 '발견담'의 이용권을 드립니다.

《AROUND》 매거진(총 6권) & 온라인 콘텐츠 감상 & 작업실 '발견담' 이용권
97,200원 / a-round.kr

AROUND NEWSLETTER

책에서 못다 한 이야기를 펼쳐 보입니다.
또 다른 콘텐츠로 교감하며 이야기를 넓혀볼게요.
홈페이지에서 뉴스레터를 구독해 주세요.

a-round.kr > Newsletter

Publisher

송원준 Song Wonjune

Editor in Chief

김이경 Kim Leekyeng

Editor

이명주 Lee Myeongju

차의진 Cha Uijin

Art Director

김이경 Kim Leekyeng

Senior Designer

양예슬 Yang Yeseul

Cover Design Guide

오혜진 O Hezin

Cover Image

이준식 Lee Junsik

Photographer

강현욱 Kang Hyunuk

김혜정 Keem Hyejung

박은비 Park Eunbi

윤동길 Yun Donggil

윤현기 Yoon Hyeonki

장혜진 Jang Hyezin

Project Editor

이주연(산책방) Lee Zuyeon

김건태 Kim Kuntae

배순탁 Bae Soontak

전진우 Jun Jinwoo

정다운 Jung Daun

한수희 Han Suhui

한승재 Han Seungjae

Illustrator

규하나 Kyuhana

센 sen

휘리 Wheelee

Marketer

문주원 Mun Juwon

Copy Editor

기인선 Ki Inseon

Management Support

강상림 Kang Sanglim

Publishing

(주)어라운드

도서등록번호 제 2014-000186호

출판등록일 2009년 12월 5일

ISSN 2287-4216

창간 2012년 8월 20일

발행일 2024년 10월 10일

AROUND Inc.

서울시 마포구 동교로51길 27

27, Donggyoro 51-gil, Mapo-gu, Seoul, Korea

광고 문의 / 070 8650 6378

구독 문의 / 070 8650 6375

around@a-round.kr

a-round.kr

instagram.com/aroundmagazine

post.naver.com/pgbook2

《AROUND》에 수록된 모든 글과 그림은
저작권법에 보호받는 저작물이므로
무단 전재와 무단복제를 금합니다.
책의 내용을 이용하려면
반드시 저작권자와 (주)어라운드의
서면 동의를 받아야 합니다.

어라운드는 나무를 아끼기 위해
고지율 20퍼센트인 재생종이 그린라이트를 사용합니다.